Guía completa sobre el Labrador Retriever

Joanna de Klerk

LP Media Inc. Editorial

www.lpmedia.org

Datos de Publicación

Joanna de Klerk

Guía completa sobre el Labrador Retriever ---- Primera edición.

Resumen: "Criar con éxito a un Labrador Retriever desde cachorro hasta la vejez" --- Proporcionado por el editor.

ISBN: 979-8-89818-003-4

[1.Labrador Retrievers --- No Ficción] I. Título.

Este libro ha sido escrito con la intención de proporcionar información precisa y autorizada con respecto al tema incluido. Si bien se han tomado todas las precauciones razonables en la preparación de este libro, el autor y el editor rechazan expresamente cualquier responsabilidad por errores, omisiones o efectos adversos derivados del uso o aplicación de la información contenida en su interior. Las técnicas y sugerencias deben utilizarse a discreción del lector y no deben considerarse un sustituto de la atención veterinaria profesional. Si sospechas que tu perro tiene un problema médico, consulta a tu veterinario.

Diseño por Sorin Rădulescu

Primera edición en español, 2025

ÍNDICE

AGRADECIMIENTOS

A todos los dueños de Labradores: ¡No estaría haciendo lo que hago si no fuera por ustedes! En mi línea de trabajo clínico, tengo un interés particular en el manejo del dolor. Cuando recién me gradué, una y otra vez veía entrar a mi consultorio a Labradores viejos y con problemas de movilidad, y me frustraba que el alivio del dolor que les ofrecía simplemente no era suficiente. Esto fue lo que me impulsó a estudiar el alivio del dolor en animales de compañía como estudio de posgrado, además de aprender a realizar Acupuntura Occidental. La mayoría de mis casos siguen siendo perros viejos con artritis, muchos de los cuales son Labradores, y por lo tanto, es una raza que se ha vuelto muy cercana a mi corazón.

También me gustaría agradecer a mi editora de larga data, Clare Hardy. Ella ha trabajado conmigo en el trasfondo de muchos de estos libros, y su aporte es absolutamente invaluable. ¡Gracias por todo el trabajo duro y el esfuerzo que dedicas a ayudarme a convertir estos libros en lo que son! ¡No podría haberlo logrado sin ti!

CAPÍTULO 1
Descripción General de la Raza

Definitivamente no es difícil entender por qué el Labrador Retriever es el perro favorito del mundo! Casi todas las cualidades positivas que puede imaginar en una raza parecen surgir de forma natural en el Labrador Retriever. Los Labs son inteligentes, adiestrables, llenos de entusiasmo ilimitado y, sobre todo, amigables con los humanos, tanto jóvenes como mayores. Aunque los Labs fueron criados originalmente como perros de trabajo, no pasó mucho tiempo antes de que la raza encontrara su lugar en el hogar, como una parte leal y adorable de la familia.

Si estás pensando en dar la bienvenida a un Labrador Retriever a tu hogar, este libro te guiará a través de todos los aspectos básicos para

Foto cortesía de
Christianna Legner

Foto cortesía de Michael Waters

comprender la raza y asegurarte de que sabes cómo satisfacer las necesidades de tu perro.

Acerca de la Raza

"Un Labrador Retriever debe ser activo (pero no hiperactivo), fácil de adiestrar y debe llevarse bien con adultos, niños y otros perros. Debe amar el agua y la recuperación de objetos. Y debe tener la característica cabeza de la raza con una expresión amable y derretidora".

Tiffany Ginkel
Cedar Ranch Labrador Retrievers

Cualquiera que haya conocido a un Labrador Retriever puede dar fe de que si hay agua cerca, la encontrará. Esto se debe a que la raza fue creada originalmente como un perro de trabajo para recuperar peces para los pescadores en la provincia canadiense de Terranova. Con su pelaje repelente al agua y sus patas palmeadas, los Labrador Retrievers prosperaron en sus roles semiacuáticos. Altamente inteligentes, entusiastas y fuertes, los Lab-

Foto cortesía de
Geoffrey Rhoades

radores rápidamente se convirtieron en una raza favorita de perros de trabajo para los cazadores de campo también. Pero es la personalidad adorable y la naturaleza gentil de la raza lo que hace que los Labradores sean perros familiares perfectos, y probablemente la raza más adaptable de todas como ayudantes y compañeros humanos.

Apariencia

El Labrador Retriever es un perro de pelo corto y brillante, de tamaño mediano a grande, y viene en tres colores: negro, amarillo y chocolate.

Los Labradores originales eran casi siempre negros. El negro es el gen dominante sobre los colores amarillo y chocolate, que a veces se denominan dorado e hígado. En los primeros años, el amarillo y el chocolate se consideraban "colores no deseados" y se eliminaban mediante la cría selectiva o, a veces, se sacrificaban. Hoy en día, los tres colores son igualmente reconocidos por la Federación Cinológica Internacional, aunque en el campo, el Labrador negro es el más comúnmente visto. Los Labs actuales suelen ser de un solo color sólido, aunque en los primeros años de la raza, a veces tenían patas blancas y hocico blanco, las áreas que tienden a volverse grises en los Labs ancianos.

El Labrador Retriever es un perro de constitución robusta y bien musculada, pero el estándar FCI lo sitúa dentro de un rango medio: la altura ideal a la cruz es de 56-57 cm para los machos y de 54-56 cm para las hembras.

El estándar no especifica un peso concreto; no obstante, en condiciones de buena forma física muchos machos suelen oscilar alrededor de 29-36 kg y las hembras alrededor de 25-32 kg, siempre que mantengan una silueta atlética y sin sobrepeso.

El Labrador posee un apetito reconocido y es propenso a ganar peso si no realiza suficiente ejercicio. Por ello, los propietarios deben vigilar cuidadosamente la dieta y el nivel de actividad para evitar la obesidad y los problemas de salud asociados.

El pelaje repelente al agua del Labrador es ciertamente una ventaja, ya que por mucho que se sienta atraído por el barro y el agua, su pelaje se limpia fácilmente con una manguera o un cepillo y requiere un cuidado mínimo. Sin embargo, el Lab muda dos veces al año en primavera y otoño, y perderá pelo de manera bastante profusa durante todo el año. Esto se debe a que el Lab tiene un doble pelaje, lo que significa que tiene una capa interna aislante para protegerlo del frío, lo cual es excelente para su comodidad al aire libre, ¡pero no tan bueno para tus muebles! También significa que un

Labrador puede no ser adecuado para ti si hay alergias en la familia. Cepillar a tu perro al aire libre todos los días ayudará a asegurar que traiga la menor cantidad posible de pelo suelto al interior.

Por supuesto, no se puede dar pleno crédito a la buena apariencia del Labrador sin hacer referencia a su personalidad alegre, que brilla en sus vivaces ojos marrones y su característica sonrisa. Con atributos como estos, ¡es fácil perdonar un poco de pelo en la alfombra!

Expectativa de Vida

La esperanza de vida de un Labrador Retriever es de 10 a 14 años, con un promedio de alrededor de 12 años. Los Labradores chocolate tienden a tener una esperanza de vida ligeramente más corta, de alrededor de 10 años. Los estudios* sugieren que esto se debe a que el gen del chocolate es recesivo, lo que significa que ambos padres deben ser portadores para producir cachorros chocolate. Esto ha resultado en un grupo genético más pequeño, y con menos diversidad genética viene una mayor tendencia a en-

Foto cortesía de
Jillian Torres

fermedades genéticas. Aunque el gen amarillo también es recesivo, la mayor popularidad de este color ha expandido el grupo genético, por lo que se ven menos afectados. Pero como con cualquier perro de pedigrí, para la mayor probabilidad de una vida larga y saludable, debes buscar padres con pedigrís que muestren la menor endogamia posible.

Si estás comprando un Labrador como cachorro, debes considerar cualquier cambio que pueda ocurrir en tus circunstancias personales durante su vida proyectada, y si puedes comprometerse con el cuidado de tu perro durante toda su vida.

[*McGreevy, P.D., Wilson, B.J., Mansfield, C.S. et al. Labrador retrievers under primary veterinary care in the UK: demography, mortality and disorders. Canine Genet Epidemiol 5, 8 (2018).]

Personalidad

"Los Labs también están muy centrados en las personas y no son buenos perros 'de patio' (dejados solos en el exterior). Necesitan ser parte de su familia y de su vida cotidiana".

Neil y Jodi Martin
Carriage Hill Labradors

El Labrador Retriever es un perro entusiasta, con el impulso para trabajar duro y la inteligencia para adaptarse voluntariamente a cualquier demanda. Los Labs están ansiosos por complacer y seguir tus instrucciones, y esto hace que vivir con un Labrador Retriever sea enormemente gratificante, ya que el amor que prodigas a tu mascota es devuelto por completo, con lealtad y devoción inquebrantables. La capacidad natural de adiestramiento del Labrador lo convierte en un excelente perro de trabajo, así como en un miembro fácil de llevar en la familia. Sin embargo, para sacar el máximo provecho de tu mejor amigo, es importante adiestrarlo.

El Capítulo 3 de este libro profundiza en más detalles sobre el comportamiento de un Labrador Retriever. Señala que aunque existe una personalidad estándar aceptada para la raza, habrá variaciones por muchas razones. En el caso del Labrador, muchas personas afirman que existen diferencias de personalidad entre los tres colores. Por ejemplo, el Labrador negro, tan ampliamente visto en el campo, es considerado como un cazador paciente y motivado. El Lab amarillo es visto como un perro familiar de naturaleza dulce, y el Lab chocolate se considera que tiene un rasgo más independiente. En realidad, el gen del color en sí mismo es irrelevante para la personalidad del Labrador, pero la cría para rasgos específicos puede producir una variación. Así, donde el Lab negro ha sido preferido como perro de trabajo, ha sido seleccionado y criado por sus cualidades activas y enfocadas. Y a medida que el Lab amarillo se convirtió en un favorito familiar, esta variante de color fue criada selectivamente por su naturaleza más tranquila y amigable.

La otra circunstancia que puede afectar la personalidad de un Labrador es, lamentablemente, creada por el hombre. Si estás adoptando un perro mayor de un refugio, sus primeras experiencias pueden haber dañado su confianza y haberlo vuelto innaturalmente temeroso, y en casos raros incluso agresivo. O simplemente puede que nunca haya sido adiestrado para alcanzar su potencial. Por lo tanto, habrá trabajo que hacer con un perro rescatado, para forjar un vínculo y sacar a relucir su verdadera personalidad. Sin embargo, como una raza inteligente y amigable, siempre hay una buena posibilidad de rehabilitar a un Labrador y darle un nuevo comienzo.

Un Labrador Retriever llenará tu hogar de alegría y entretenimiento. Tu Lab es el único amigo que nunca tendrás que desentrañar, ya que su amor honesto e incondicional pone todo en perspectiva al final del día.

Dentro del Hogar

Foto cortesía de Tanya De La Garza

El Labrador Retriever es un perro mediano-grande y con su naturaleza exuberante, ¡llenará un espacio tanto física como metafóricamente! El Lab no es idealmente adecuado para vivir en un apartamento, ya que necesita espacio tanto interior como exterior. Si tu Lab no tiene otra opción más que vivir en un apartamento, porque es un perro de asistencia, por ejemplo, entonces habrá tenido un adiestramiento especial para lidiar con ello, pero aún necesitará mucho ejercicio para su bienestar físico y mental.

Si estás comprando un cachorro, ten en cuenta cuán grande será tu Labrador cuando esté completamente desarrollado. Si eres nuevo en la raza, puede valer la pena invitar a tu casa a un amigo que tenga un Labrador adulto o un perro de tamaño similar, para tener una idea del efecto que un perro tan grande tendrá en tu espacio personal. Si vives solo y es poco probable que esto cambie, puedes encontrar que hay suficiente espacio para ti y un Labrador vivaz en un hogar de tamaño modesto. Sin embargo, si tienes una familia numerosa, debes pensar en el espacio que ocupará tu Labrador y su efecto en el espacio de juego de los niños, el área de estar y el espacio de trabajo de otros adultos en el hogar. Por supuesto, tu perro no necesariamente tiene que tener acceso a toda la casa, siempre que las habitaciones en las que se le permite sean lo suficientemente grandes y estén libres de peligros. Esto es una cuestión de preferencia individual, pero debe considerarse cuidadosamente antes de comprometerte a compartir tu hogar y los próximos 12 años de tu vida con un perro grande y enérgico.

Como se mencionó anteriormente, aunque el Labrador Retriever tiene un pelaje corto, sí suelta pelo, por lo que debes estar preparado para encontrar pelo y caspa en la casa. La caspa son pequeñas escamas de piel que todos los animales desprenden, y es particularmente alergénica. Hay muchas aspiradoras en el mercado diseñadas específicamente para hogares con mascotas. Tienen succión adicional y filtros HEPA para ayudar a mantener tu casa libre de pelo y alérgenos, y vale la pena la inversión. Los pisos duros son una ventaja sobre las alfombras, ya que se limpian fácilmente, no albergan pulgas y no absorben los inevitables accidentes durante el entrenamiento para hacer sus necesidades. Si tienes alfombras, puedes considerar una máquina para lavar alfombras. Los muebles de cuero se limpian fácilmente y no atraen el pelo como las cubiertas textiles.

Desafortunadamente, un Labrador no será adecuado para algunas personas, ya que su caspa y la muda de su capa interna pueden provocar una reacción en personas con alergias severas. También puedes considerar si algún visitante regular a tu hogar, como la familia extendida, es alérgico a los perros antes de decidirte por un Labrador Retriever. Como el Labrador es la raza más popular de perro de servicio, se ha cruzado con el Caniche, que tiene un pelaje que no suelta pelo, para producir el Labradoodle para aquellos con alergias que requieren un perro de servicio. Sin embargo, el Labradoodle no está de ninguna manera garantizado como hipoalergénico, y puede ser menos confiable que un Labrador.

No hay forma de evitarlo, el Labrador Retriever es conocido por estar en el extremo más oloroso del espectro de olor canino. Esto se debe a su grueso pelaje doble, que retiene los olores caninos naturales. Pero muchas personas no tienen objeción al olor característico del Labrador, e incluso pueden encontrarlo bastante entrañable. En el hogar, probablemente te volverás insensible a su olor bastante rápido, incluso sitsus visitantes no lo hacen. Por otro lado, muchos Labradores adoran revolcarse en cualquier cosa desagradable que encuentren al aire libre, lo que puede traer olores muy penetrantes a tu hogar. Otros olores para los que debes estar preparado incluyen gases, que generalmente se deben a una dieta inadecuada, glándulas anales, que a veces pueden obstruirse y liberar una descarga fétida, y accidentes durante el entrenamiento para hacer sus necesidades. Si eres particularmente sensible a los olores menos que fragantes en el hogar, ¡el Labrador puede no ser el perro para ti!

Si has considerado el impacto de tener un Labrador compartiendo tu casa, y decides que todos los beneficios positivos que tu amigo de cuatro patas traerá, compensarán con creces los pequeños sacrificios, ¡entonces no hay duda de que un Lab en la familia hará de tu casa un hogar!

Fuera del Hogar

Un Labrador Retriever idealmente requiere que tengas tu propio patio trasero. Si no tienes un patio privado, necesitarás acceso a un espacio seguro inmediatamente fuera de tu hogar para que haga sus necesidades, y paseos adicionales durante el día para compensar la ausencia de un patio. Un patio trasero completamente cercado y seguro es preferible porque puede convertirte en un espacio exterior relajante, donde tu perro puede estar sin correa y disfrutar del aire fresco.

Los Labradores son una raza atlética, por lo que debes asegurarte de que la cerca de tu patio sea lo suficientemente alta para evitar que salte, idealmente de al menos 1,8 metros de altura sin espacios. También debe llegar hasta el suelo si tienes un cachorro que podría escabullirse por debajo. Además, si tienes un Labrador que cava, debes supervisarlo afuera, en caso de que haga túneles bajo la cerca. Desvía el instinto de cavar de tu perro proporcionándole un arenero con golosinas enterradas, para que tenga un área permitida para ejercitar sus instintos y deje sus macizos de flores en paz.

Si estás adoptando un perro de un refugio, probablemente tendrás una verificación del hogar, independientemente de si has tenido perros antes o no. Si eres nuevo en la tenencia de perros, la verificación del hogar es una oportunidad ideal para que un ojo experimentado examine tu espacio exterior. El verificador del hogar hará sugerencias si ve paneles de cerca rotos, otras rutas de escape u objetos peligrosos. Esto no significa que tu solicitud será rechazada, pero deberás corregir estos problemas antes de poder llevar a tu perro rescatado a casa.

Si estás comprando un cachorro y nunca has tenido un perro antes, probablemente no tendrás una verificación del hogar, aunque algunos criadores pueden verificar los nuevos hogares de sus cachorros. Si no es así, podrías pedirle a un amigo con experiencia en perros que revise tu patio para asegurarte de que no has pasado por alto nada. En el Capítulo 5 encontrarás más consejos sobre cómo preparar tu hogar y jardín.

El Labrador Retriever fue criado para trabajar al aire libre y tiene altas necesidades de ejercicio, por lo que tu perro también necesita acceso a espacios abiertos donde pueda correr y explorar. Para permitirle disfrutar con seguridad de esta libertad, es importante que esté adiestrado para tener una Buena respuesta al llamado de regreso. El adiestramiento se discute en detalle en el Capítulo 6.

Los perros aman sus paseos familiares tanto como la alegría de descubrir nuevos lugares, y tu Labrador obtendrá gran placer en verificar todos los olores alrededor de su territorio más amplio. La salud física y mental de tu perro depende de que salga, especialmente si vive en algún lugar sin su propio patio. Debes tomar precauciones sensatas para la seguridad de tu perro en espacios públicos. Siempre mantenlo con correa cerca del tráfico y puntos de peligro como ríos de corriente rápida o bordes de acantilados, o donde podría intimidar a los niños o saltar sin invitación a un picnic familiar. Tu perro también debe usar un collar con una etiqueta de identidad y, idealmente, estar implantado con un microchip, que es un requisito legal en algunos países. Asegúrate de que la empresa del microchip siempre tenga tus datos actualizados, para que en el desafortunado caso de que tu perro se extravíe, pueda ser reunido contigo.

Costos de Mantener un Labrador Retriever

El primer costo involucrado al adquirir un Labrador Retriever es el precio del perro, y como un Lab es una raza de pedigrí, este será relativamente alto. En promedio, puedes esperar pagar entre 500 y 2.000 euros por un Labrador Retriever con un pedigrí registrado. Si bien puedes conseguir un perro por un precio más bajo, debes ser consciente de que un perro sin papeles puede ser el resultado de una cría casual o inexperta, o una operación para ganar dinero que ignora el bienestar de los perros. Por lo tanto, es probable que un cachorro Labrador "barato" tenga más problemas de salud más adelante. Alternativamente, si estás adoptando un perro rescatado de un refugio, estos perros no son gratuitos. Siempre deberás pagar una tarifa de reubicación. Esta puede estar en la región de 200-500 euros y sirve para cubrir los costos generales en los que incurre el refugio en

Foto cortesía de
Debbie Wilson

su trabajo, como la esterilización, vacunas, microchip, acogida, alojamiento, alimentación, transporte y administración. Y asegura que nadie use un refugio como un lugar para conseguir un perro gratis para peleas ilegales de perros, cría o reventa.

Los Labrador Retrievers son perros bastante costosos de mantener debido a su tamaño y posibles problemas de salud. La medicina veterinaria preventiva se discute en el Capítulo 11, y se recomienda encarecidamente un seguro para gastos veterinarios desde el principio, especialmente para un Labrador. Alternativamente, algunos propietarios prefieren reservar una cantidad regular para costos veterinarios imprevistos. Si esta es tu elección, debes ser consciente de que los costos veterinarios para un Labrador pueden ascender a miles de euros, y encontrarte sin fondos para salvar vidas en un momento crítico podría obligarte a tomar decisiones muy difíciles. También tendrás otros costos regulares, como tratamientos antiparasitarios y vacunas anuales, que deberían figurar en el presupuesto. Algunos veterinarios ofrecen planes mensuales para ayudar a presupuestar los costos regulares de salud de tu perro.

En el día a día, el costo de alimentar a tu Labrador Retriever será superior al promedio, porque es grande y enérgico. Además, debido a que la raza está predispuesta a problemas articulares y otros problemas de salud en la vida posterior, debes asegurarte de que esté con una dieta de alta calidad. La nutrición se discute en el Capítulo 8, y una vez que tengas una idea de qué tipo de alimento deseas para tu perro, vale la pena calcular cuánto estarías alimentando a un Labrador adulto de acuerdo con las pautas del fabricante, para llegar a un costo mensual. No olvides que tu perro merece un premio de vez en cuando, especialmente durante su adiestramiento, así que incluya un poco en el presupuesto para esto también.

Si tu Lab es tu primer perro, deberás invertir en algún equipo por adelantado. Y a medida que tu perro supera, desgasta o destruye su cama, jaula, arnés, juguetes, correas, etc., deberás reemplazarlos . El Capítulo 5 discutirá las cosas que necesitas tener a mano para tu nuevo perro.

Tener un Labrador abre un mundo de actividades opcionales. Muchas son gratuitas, y otras requieren tarifas de clase, tarifas de entrada, equipo u otros servicios. El adiestramiento canino es la primera actividad que todo nuevo propietario debe implementar. Si has tenido perros antes, es posible que ya estés seguro de que puedes adiestrar a tu perro tú mismo, y algunos consejos se dan en el Capítulo 6. Los videos en línea también son un excelente recurso de adiestramiento. Sin embargo, unirse a clases de adiestramiento proporciona mucha camaradería y apoyo, así como la valiosa oportunidad de socializar a tu perro. Por lo general, habrá una tarifa, pero vale la pena. Del mismo modo, otras actividades que tu Lab puede disfrutar, como clases de Agilidad y sesiones de Flyball, implicarán una tarifa y posiblemente algún equipo adicional. Si planeas competir a un nivel más alto, también habrá costos adicionales. Y si deseas exhibir a tu perro, deberás estar preparado para las tarifas de entrada, los costos de viaje y todos los gastos involucrados en mantener a tu perro en óptimas condiciones cosméticas. Estos se discuten en el Capítulo 15.

Entonces, aunque mantener un Labrador Retriever es más costoso que el perro promedio, muchos de los gastos son opcionales, y puedes mantener los costos bajos. La elección de un Labrador Retriever no significa que tengas que ser rico, siempre que los gastos presentes y futuros hayan sido presupuestados. Todo lo que le importa a tu Labrador de carácter fácil es que esté cómodo, adecuadamente alimentado, bien ejercitado, libre de dolor y tenga compañía humana durante una buena parte del día, con la oportunidad de conocer a otros perros también. Si puedes garantizarle estos requisitos básicos, ¡entonces tienes un amigo para toda la vida!

CAPÍTULO 2
Historia de la Raza

Origen de la Raza

Labrador es una región en Canadá, y sería lógico pensar que el Labrador Retriever se originó allí. Sin embargo, para ser más precisos, los primeros antepasados del Labrador se originaron en Terranova desde tan temprano como el siglo XVI. Pero ya existía una raza distinta llamada Terranova, que era más grande que el Labrador, con un porte de cola más elevado. Así, en los primeros días, el Labrador se conoció como el Perro de San Juan o Terranova Menor, y fue el resultado del cruce del Terranova con pequeños perros de agua para crear un perro de trabajo ágil para los pescadores canadienses. Al igual que la raza que conocemos hoy, los primeros Labradores tenían dedos palmeados y un pelaje repelente al agua. Y su cola gruesa y cónica (conocida como cola de nutria) servía como un potente timón. Por lo tanto, se encontraban en su elemento en aguas frías, recuperando peces que habían caído de los anzuelos o trayendo las redes.

Foto cortesía de
Lisa Higbee

Los Perros de San Juan eran considerados como adictos al trabajo que prosperaban en su labor, y trabajaban con entusiasmo más allá del punto de agotamiento. Pero también encontraron un lugar en la familia, cuando los pescadores los llevaban a casa para jugar con los niños, por lo que las características distintivas de un perro verdaderamente versátil ya eran evidentes en los ancestros del Labrador, incluso hace muchos siglos.

No fue hasta el siglo XIX cuando el Labrador llamó más ampliamente la atención, cuando el segundo Conde de Malmesbury vio la raza en acción en Terranova, y los llevó a Heron Court en Poole, Inglaterra, para utilizarlos en la caza de aves acuáticas. Otros promotores aristocráticos de la raza Labrador fueron el décimo Conde de Home y sus sobrinos, el quinto Duque de Buccleuch y Lord John Scott, quienes vieron el potencial del Labrador como perro de caza. A medida que avanzaba el siglo XIX, los sucesivos herederos familiares continuaron criando y refinando al Labrador, siendo el nombre acuñado por el tercer Conde de Malmesbury en la década de 1880, ya que Labrador y Terranova eran vistos por los británicos como la misma masa de tierra en ese momento.

Tres de los Labradores fundacionales del sexto Duque de Buccleuch le fueron entregados por el tercer Conde de Malmesbury, después de que el Duque quedara enormemente impresionado por los Labradores del Conde durante una partida de caza en Dorset. El Criadero de Labradores del Duque en Langholm, en la frontera escocesa, se convirtió posteriormente en el más grande de Gran Bretaña, con lo mejor de las líneas de sangre Malmesbury y Buccleuch apareadas para producir un pedigrí fuerte y estrictamente mantenido, incluso hasta el día de hoy:

"Las principales características del Labrador tradicional de Buccleuch son un buen olfato, una boca suave y un temperamento inteligente y valiente. Sus cabezas suelen ser más cortas que las del Labrador promedio; tienen un pelaje doble y grueso y frecuentemente poseen la cola de 'nutria'. La línea pura solo puede producir cachorros negros".

[Fuente: www.drumlanrigcastle.co.uk]

En 1903, el Labrador fue reconocido por el Kennel Club inglés, y en 1917, el American Kennel Club siguió su ejemplo al registrar su primer Labrador Retriever.

De vuelta en el Reino Unido, el Criadero Buccleuch sufrió un declive en la primera mitad del siglo XX, por varias razones, incluidos los años de guerra. Sin embargo, el programa de cría se restableció en los años de posguerra, y a través de los continentes, el Labrador Retriever se abrió camino hasta la cima de los registros del Kennel Club, convirtiéndose en la raza favorita oficialmente reconocida en muchos países.

Genética

La genética del Labrador Retriever es más evidente en sus tres colores distintos: negro, amarillo y chocolate. Para llegar a su coloración, cada Labrador Retriever porta una combinación de cuatro genes principales. Estos genes son de tipo B y E, y comprenden una B mayúscula y una b minúscula, y una E mayúscula y una e minúscula. Un Labrador puede tener estas en varias combinaciones.

Los genes B son fáciles si piensas en ellos como representantes de Negro (Black) y Marrón (Brown). La B mayúscula contiene una instrucción para producir mucho color, dando un pelaje negro, mientras que la b minúscula contiene una instrucción para menos color, causando un pelaje marrón. Pero la B mayúscula es un gen dominante, por lo que anulará una b minúscula. En consecuencia, BB y Bb producen negro, y bb produce marrón.

Sin embargo, ¿qué hay de los Labradores amarillos? Aquí es donde entran los genes E. Un Labrador también heredará un par de estos. La E mayúscula es dominante pero no afecta el color. Sin embargo, la e minúscula desactiva el color. Por lo tanto, si un Labrador hereda dos e minúsculas, será amarillo.

Foto cortesía de
Ashleigh Greule

Hay un conjunto final de genes, los genes D, que representan Dilución. Si un Labrador hereda dos genes d minúsculos recesivos, hace que su pelaje sea más claro. Así es como a veces se obtienen Labradores en colores carbón, champán y plateado.

El Kennel Club reconoce solo el negro, chocolate y amarillo como colores oficiales del Labrador. Sin embargo, a veces ocurren variaciones de tonalidad. Existe cierta controversia sobre por qué sucede esto, con algunos argumentando por la presencia de un gen dd recesivo (D de Dilución). Sin embargo, como no se considera que el Labrador sea un portador natural del gen dd, algunos afirman que es el resultado de cruces, incluso décadas atrás. Otra explicación para los colores de pelaje más claros es que el gen ee puede actuar más como un regulador de intensidad que como un interruptor de encendido-apagado. Los Labradores plateados y champán son ciertamente hermosos, pero generalmente no son aceptados como razas puras por el Kennel Club.

Con la excepción de los Labradores amarillos, nunca se sabe qué genes recesivos porta un Labrador, por lo que todos los colores pueden aparecer en una camada. Por supuesto, los criadores experimentados tendrán una buena idea de los genes recesivos en sus perros, y tendrán una idea bastante clara de los colores probables de sus cachorros.

Cualquiera que sea la combinación de genes de color transmitida a su cachorro de Labrador, una cosa es segura: ciertamente habrá heredado la mezcla especial de inteligencia, vivacidad y afecto que es el sello distintivo de la raza.

Estándares Históricos

Durante los primeros años de la raza, cuando el Labrador todavía era conocido como el Perro de San Juan, y trabajaba en aguas canadienses, no existía un estándar de raza como lo conocemos hoy. Pero el perro fue criado por ciertas cualidades prácticas: un pelaje corto, denso e impermeable, dedos palmeados, una "cola de nutria" y entusiasmo por el trabajo. Estos son atributos que todavía vemos en los Labradores de hoy, aunque nuestra actitud hacia el color ha cambiado. Como ya se ha señalado, los primeros perros eran todos negros, y los "colores no estándar" a menudo eran sacrificados. Pero mientras que los colores negro, amarillo, chocolate y las variantes diluidas de hoy son mayormente sólidos, el perro de San Juan a veces tenía hocico y patas blancas.

Una de las primeras observaciones sobre las cualidades que hicieron del Labrador una adición tan prometedora a las perreras de caza inglesas fue hecha por el Coronel Peter Hawker, un célebre diarista, autor y deportista. El Coronel Hawker visitó Terranova en 1814 y describió al Perro de San Juan como poseedor de un excelente sentido del olfato, flexibilidad en el campo y velocidad. En su relato, dijo de la raza que es:

"...más amenudo negro que de otro color y apenas más grande que un pointer. Es más bien largo de cabeza y hocico; buen desarrollo torácico; patas muy finas; tiene pelo corto o suave, no lleva la cola tan curvada, y es extremadamente rápido y activo cuando corre y nada ... La cría de estos perros en San Juan es principalmente utilizada en su costa nativa por pescadores. Su sentido del olfato es difícil de creer. Esta capacidad de discriminación ... parece casi imposible ... A la hora de encontrar presas heridas de cualquier tipo, no hay otra raza de perro igual, y es indispensable en la caza general de aves acuáticas

(Fuente: Hawker, P. 1830, Instrucciones para Jóvenes Deportistas en Todo lo Relacionado con Armas y Tiro)

Con cualidades como estas, las dos principales perreras en Gran Bretaña que desarrollaron la raza se dedicaron a refinarla según sus propios altos estándares, como compañero de caza de todo caballero rural.

No fue hasta principios del siglo XX cuando la raza fue reconocida por los Kennel Clubs británico y americano, y se elaboró un estándar oficial de la raza, lo cual se discute con mayor detalle en el Capítulo 15 sobre la exhibición de su perro.

Labradores Retrievers Famosos en la Historia

El Labrador Retriever es un perro tan popular y adaptable que su cara feliz puede verse en todas partes, y no es sorprendente que muchos Labs hayan llamado la atención del público. Aquí reconocemos algunos de los nombres más importantes en el Salón de la Fama del Labrador:

Embajadores de la Raza:

Ben of Hyde pertenecía al Mayor Radcliffe y nació en 1899. Aunque la raza Labrador estaba bien establecida a principios del siglo XX, estaba dominada por el popular color negro, y Ben of Hyde fue el primer Labrador Retriever amarillo documentado. Ben of Hyde y su hijo Neptune son considerados la fuente de la mayoría de los Labradores amarillos actuales.

Foto cortesía de Abbie Alhashimi

King Buck (1948-1962) fue afectado por el moquillo al principio de su vida, pero se recuperó y llegó a ser un campeón de Field Trials, con un récord de éxito que no fue igualado durante 40 años. Llamó la atención más ampliamente como el primer perro en aparecer en un sello de pato del Servicio de Pesca y Vida Silvestre de los Estados Unidos (1959), que siempre presentaba un ave acuática. La obra de arte fue creada por Maynard Reece, y mostraba a King Buck llevando un ánade real macho.

Nell era la perra del Conde de Home de la finca Buccleuch, y fue descrita tanto como Labrador como Perro de San Juan. Fue la primera de la raza en ser fotografiada, en 1856, y su fotografía muestra que tenía un pelaje negro, con patas y hocico blancos.

Estrellas del Cine y la Literatura:

Junkyard fue un Labrador amarillo en la película de Disney "Carrera a la Montaña Embrujada" en 2009. Fue interpretado por Buck, cuyos otros créditos cinematográficos incluyen "Rescate en la Antártida" (2006) y "Perros de Nieve" (2002).

Marley es un Labrador amarillo que protagonizó la película "Marley y yo" (2009). A medida que Marley envejecía a lo largo de la película, fue interpretado por diferentes actores caninos. La película está basada en la historia real "Marley y yo: Vida y amor con el peor perro del mundo" de John Grogan.

Spike fue un famoso cruza de Labrador amarillo y Mastín, de origen rescatado. Pertenecía a Frank Weatherwax, quien entrenaba perros para papeles de actuación, y en 1957 protagonizó la película de Disney "El viejo y el niño". También protagonizó "She-Creature" (1956) y "The Silent Call" (1961). En la pequeña pantalla apareció en programas de televisión como "The Westerner", "Hondo" y "The Mickey Mouse Club", y en la serie de televisión "Lassie", protagonizó como Barney, Chuka y Skipper. Junior, el hijo de Spike, interpretó a Rontu en "La isla de los delfines azules".

Compañeros de las Estrellas

Buddy y Seamus fueron los Labradores mascota del ex presidente de los Estados Unidos Bill Clinton. Buddy era un Labrador chocolate que no se llevaba bien con el gato de la Casa Blanca. Trágicamente en 2002, Buddy, de cuatro años, fue atropellado por un automóvil, lo que Bill Clinton describió como "de lejos, lo peor" que le había sucedido desde que dejó el cargo. Poco después de esto, los Clinton adquirieron otro Labrador chocolate llamado Seamus, que era sobrino-nieto de Buddy del mismo criadero.

Koni (1999 - 2014) fue la Labrador Retriever negra compañera del presidente ruso Vladimir Putin. Su nombre completo era Connie Paulgrave. Koni saltó a los titulares cuando el presidente Putin la llevó a una reunión con la canciller alemana Angela Merkel en 2007, lo que no fue bien recibido por la canciller, quien había quedado con miedo a los perros después de sufrir un ataque en 1995.

Sully era un Labrador amarillo nombrado en honor al piloto que aterrizó con seguridad un avión comercial averiado en el río Hudson en 2009. Sully era un perro de servicio militar entrenado, y sirvió con el ex presidente estadounidense George H.W. Bush durante los últimos seis meses de su vida. Llamó la atención del público en las redes sociales cuando fue fotografiado durmiendo junto al ataúd del presidente. Posteriormente, Sully continuó sirviendo en la rehabilitación de militares estadounidenses heridos.

Foto cortesía de Chris Norton

Perros de Servicio y Héroes

Dorado era un Labrador amarillo que pertenecía a Omar Riviera, cuando ambos estaban en un piso superior del World Trade Center el día del ataque del 11 de septiembre. Aunque el dueño de Dorado intentó empujarlo hacia la seguridad varias veces, el perro no quiso dejarlo, y lo guió por 70 pisos, justo antes de que la torre colapsara.

Jake el Labrador negro es otro héroe de los ataques del 11 de septiembre. Como perro entrenado en búsqueda y rescate, trabajó incansablemente durante 17 días para localizar sobrevivientes y víctimas en el World Trade Center, excavando sin descanso a través de "escombros blancos, calientes y humeantes". Jake también ayudó a buscar víctimas de los huracanes Katrina y Rita en 2005. Jake había sido abandonado cuando era un cachorro, con una pata rota y la cadera dislocada, pero llegó a convertirse en uno de los menos de 200 perros de rescate certificados por el gobierno de EE.UU. También trabajó como perro de terapia con víctimas de quemaduras y residentes de hogares de ancianos. Jake murió de cáncer en 2007 a la edad de 12 años.

Lucky y Flo eran dos Labradores negros de la misma camada, entrenados para detectar equipos ópticos como CDs y DVDs pirateados. En 2007 se hicieron famosos por olfatear cerca de 2 millones de DVDs falsificados sin licencia en Malasia para la Motion Picture Association of America. Esta hazaña llevó al arresto de los piratas informáticos y a una recompensa de diez mil dólares puesta sobre las cabezas de los dos perros.

Sabi, una Labrador negra con una mancha blanca en el pecho, era miembro de las Fuerzas Especiales australianas que servían en Afganistán. Como perra detectora, estaba entrenada para detectar dispositivos explosivos. Sabi se separó de su guía durante una batalla en 2008, y posteriormente fue declarada desaparecida en acción en el desierto afgano durante más de un año, donde fue detenida por combatientes talibanes. Fue recuperada sana y salva en 2009.

CAPÍTULO 3
Comportamiento

"Los Labradores tienen mucha energía, pero poseen una excelente disposición y son maravillosos con los niños. También son una raza muy versátil. Han sido utilizados para la caza, pruebas de agilidad, como perros de servicio y perros policía/detectores de drogas, además de ser excelentes mascotas familiares".

Lauren McNeely
Bayard Acres Labrador Retrievers

Temperamento

Una de las principales razones por las que el mundo ha acogido al Labrador Retriever en su corazón se debe a su maravilloso temperamento.

En pocas palabras, los Labradores Retrievers suelen ser amigables, activos y extrovertidos. La Federación Cinológica Internacional establece que el Labrador debe ser amable, sociable y de naturaleza dócil. Y el estándar de raza de la Federación Cinológica Internacional describe el temperamento del Labrador como:

"Perro que tiene buen temperamento y es muy ágil. Posee un excelente olfato y cobra con delicadeza; es muy aficionado al agua. Es un animal adaptable y devoto compañero. Inteligente, vivaz y dócil, con fuerte voluntad para complacer. De carácter afable, sin ninguna señal de agresividad o timidez impropias."

(FCI)

El estándar de la raza establece un punto de referencia para garantizar que todos los Labradores Retrievers registrados posean el temperamento que es el sello distintivo de la raza, y es muy raro encontrar un Labrador agresivo o temeroso, excepto cuando ha sido decepcionado por los humanos en su vida. Aunque la raza es naturalmente indulgente, esa confianza no puede reconstruirse en los casos más severos. El otro factor que puede resultar en un temperamento atípico del Labrador es como resultado de sucesivas crianzas casuales, donde los padres no han sido seleccionados por sus excelentes temperamentos. Incluso puede haber otras razas en la mezcla. Al comprar siempre a un Criador Registrado, tienes la mejor oportunidad de adquirir un Labrador cuyo temperamento refleje lo mejor de la raza.

Cualquier persona que adopte un Labrador Retriever debe entender que para que su temperamento brille, necesita tener una tarea que hacer y muchas oportunidades para usar su cerebro y quemar su considerable energía. Cualquier comportamiento negativo que un Labrador pueda desarrollar puede ser resultado de una falta de estimulación, por lo que cuando el dueño de un Labrador cumple con su parte, es cuando

Foto cortesía de Tim Choldas

Foto cortesía de
Monica Hillesheim

el Labrador cumplirá con la suya y mostrará por qué la raza es tan querida en todo el mundo.

Requisitos de ejercicio

"Las placas de crecimiento se cierran en los cachorros de Labrador a los 14 meses de edad; por lo tanto, no se recomienda correr largas distancias en superficies duras hasta después de ese tiempo. Es mejor permanecer en superficies blandas como el césped en los primeros meses".

Lori Lutz
Bowery Run Labradors

Lo primero que cualquier persona que adopte un Labrador Retriever debe considerar es el requisito de ejercicio de la raza. Un Labrador adulto debe tener al menos una hora de ejercicio al día, y algunos Labradores de líneas de trabajo necesitan entre 1,5 y 2 horas. Esto puede dividirse en dos o tres paseos, y la mayor parte debería ser idealmente sin correa, para que tu Labrador pueda quemar su exceso de energía y explorar su entorno natural. Esto hace que el entrenamiento de llamada sea tu prioridad número uno con un Labrador, como se analiza en el Capítulo 6.

Es especialmente importante que los Labradores hagan suficiente ejercicio, ya que su metabolismo lento y su voraz apetito hace que sean muy propensos a la obesidad, lo que ejerce una gran presión sobre sus articulaciones y órganos vitales, afectando su bienestar y esperanza de vida.

La hora recomendada de ejercicio se aplica solo a un Labrador adulto, y cuando tu perro llegue a sus años de vejez, necesitarás reducir el ritmo. Por supuesto, seguirá apreciando salir durante una hora, pero el ritmo debe ser más suave, y es posible que varios paseos más cortos le convengan mejor. La convivencia con un perro mayor se analiza a fondo en el Capítulo 16.

Del mismo modo, es importante que tu cachorro de Labrador no salga de inmediato a una hora de ejercicio vigoroso, ya que sus huesos y placas de crecimiento aún están subdesarrollados. Las tensiones indebidas en las placas de crecimiento en desarrollo pueden resultar en una extremidad deformada o acortada, lo que podría causar cojera permanente o problemas en el futuro. Las placas de crecimiento de un Labrador normalmente no se establecen hasta los 14 meses. Por lo tanto, hasta que tu cachorro alcance la pubertad, solo debe salir a paseos cortos y controlados. Algunas de sus necesidades de ejercicio mental y físico probablemente pueden satisfacerse en tu jardín con cosas como una pelota de premios, caminar sobre postes, rastreo de olores y juguetes de rompecabezas, así como entrenamiento diario de obediencia. Los cachorros en desarrollo no deben jugar a juegos de alta intensidad como buscar, ni saltar sobre los muebles.

Importancia de la socialización

"Pueden ser expuestos de inmediato a otros perros que tú sabes que están al día con sus vacunas. Una vez que tu cachorro esté completamente vacunado, socialice con perros amigables y apropiados tanto como sea posible. Sin embargo, no recomiendo los parques para perros, porque las lesiones a tu perro pueden ser comunes debido al mal comportamiento de otros perros".

Tiffany Ginkel
Cedar Ranch Labrador Retrievers

Los Labradores son perros extrovertidos y sociables, tanto con los humanos como con los de su especie. Por lo tanto, para su propio bienestar mental, necesitan amplias oportunidades para hacer amigos y continuar la educación que su madre comenzó desde el día en que nacieron.

Aunque la mayoría de los Labradores son perros naturalmente bien adaptados, pueden surgir problemas si no se les permite socializar con otros perros y humanos desde una edad temprana. Por lo tanto, tan pronto como tu cachorro haya recibido su primera serie de vacunas, es una gran idea encontrar una clase local para cachorros. Es posible que puedas localizar clases para cachorros en tu área en línea; de lo contrario, tu veterinario seguramente tendrá datos de contacto. Incluso pueden realizar una clase para cachorros en la consulta veterinaria. Las clases para cachorros son un excelente trampolín para las clases de entrenamiento de obediencia, pero en los primeros días, es suficiente educación para tu perro simplemente conocer a otros perros y poder hablar su propio idioma. Los cachorros interactúan entre sí de una manera única, y si tu cachorro solo conoce a perros adultos, se perderá esta parte de su desarrollo.

En el Capítulo 5 se ofrecen consejos para gestionar encuentros con otros perros y socializar a tu perro con niños.

"Asegúrate de conocer y confiar en los perros con los que pones en contacto a tu cachorro. Como dice el refrán, las malas compañías corrompen las buenas costumbres. Asegúrate de que las otras mascotas se comporten bien y no enseñen malos hábitos a tu cachorro".

Kathy Jackson
Karemy Labs

Capacidad de entrenamiento

"Los Labradores son bastante fáciles de entrenar ya que quieren complacerte. Sé consistente en cómo les pides que hagan algo. Se recomienda el entrenamiento en un entorno de clase en lugar de enviar al perro a un adiestrador, ya que el entrenamiento es tanto para el dueño como para el perro. Los dueños necesitan aprender a comunicarse bien con su perro y ser consistentes y claros".

Neil y Jodi Martin
Carriage Hill Labradors

El Labrador Retriever es una de las razas más entrenables del mundo, por lo que el Labrador es la primera opción para roles de asistencia y búsqueda y rescate. Eso no significa que un cachorro de Labrador aparezca en el mundo completamente entrenado y listo para funcionar. Simplemente significa que como propietario de un Labrador, tú tienes el perro más inteligente y dispuesto que podrías esperar, con un enorme potencial esperando ser alcanzado.

¡Sin embargo, tu Labrador es inteligente! Si quieres que sea bueno, tienes que trabajar con él, de lo contrario, usará su mente activa para meterse en problemas. Recuerda, fue criado como un perro de trabajo, e incluso si no tienes planes de trabajar con él, todavía necesita ser estimulado y mantenerse mental y físicamente activo para ser su mejor versión. También responde bien al entrenamiento positivo, firme y consistente para saber quién manda, incluso mientras es tu mejor amigo.

El entrenamiento debe comenzar tan pronto como tu cachorro llegue a casa, ya que a esta edad su cerebro es una esponja, y el trabajo que invier-

Foto cortesía de
Rebecca Cawvey

tas desde el principio moldeará su obediencia para toda la vida. También asegurará que a medida que crezca, no se convierta en una molestia debido a su creciente tamaño, fuerza y energía. Un perro bien entrenado también es menos peligroso para sí mismo.

Las clases de entrenamiento son una excelente idea, incluso si has entrenado perros antes. Pero con un perro tan inteligente como un Labrador, podrías progresar a un entrenamiento avanzado y actividades que realmente sacarán a relucir los talentos de tu perro y serán muy divertidas para ambos.

Ansiedad por separación

Las mismas cualidades que amas en tu Labrador, su inteligencia y su afecto por ti, son las cualidades que pueden conducir a la ansiedad por separación en las ocasiones inevitables en que tienes que dejarlo solo en casa. Por lo tanto, para que tu perro se sienta cómodo por su cuenta, necesitas saber con confianza que cuando lo dejas, regresarás.

Cuanto antes puedas enseñar a tu perro a estar solo, mejor, ya que la ansiedad por separación puede convertirse en un comportamiento arraigado y ser más difícil de superar más adelante en la vida.

Si tienes un cachorro y lo estás entrenando con jaula, debes aprender a ver su jaula como su espacio seguro y no como una prisión. La ventaja de dejar a tu cachorro solo en su jaula es que los cachorros pueden ser destructivos, y al menos puedes estar seguro de que no está destruyendo la casa mientras tú no estás allí. También puede sentirse menos ansioso en un espacio más pequeño y asentarse más fácilmente. Puedes dejarle algunos juguetes seguros para mantenerlo ocupado, como un hueso de asta para morder, y un Kong® relleno con un relleno seguro, como comida húmeda para perros o mantequilla de cacahuete (pero asegúrate de que tu elección de mantequilla de cacahuete no contenga xilitol, que es tóxico para los perros).

Cuando dejes a tu perro por primera vez, ni siquiera necesitas salir de la casa. Simplemente sal de la habitación sin hacer alboroto y cierra la puerta. Esto puede ser por tan solo un minuto. No querrás regresar a tu perro en el momento en que esté gimiendo, o eso le dirá que gemir te hace volver, así que trata de anticipar un punto antes de que comience a reaccionar. Luego puedes regresar a tu perro y darle un elogio suave, pero nuevamente, no hagas un gran alboroto. Una reacción exagerada le dice a tu perro que irse y volver son un gran problema, por lo que debes permanecer tranquilo y actuar como si nada emocionante o inusual estuviera sucediendo.

Si has perdido el momento adecuado y tu perro ha comenzado a gemir, deberás esperar un descanso en sus vocalizaciones, para que se dé cuenta de que obtiene lo que quiere cuando está callado, y no cuando está haciendo ruido.

Mantén este ejercicio regularmente, aumentando gradualmente el tiempo que dejas a tu perro. Una vez que llegues al punto en que está saliendo de la casa por un período más largo, siempre puedes verificar que tu perro se esté asentando instalando una cámara para perros que se pueda ver en tu teléfono. De esa manera, sabrás si está avanzando demasiado rápido o si tu perro está realmente bastante relajado en su propia compañía.

Si la ansiedad por separación continúa siendo un problema, algunos perros responden bien a productos farmacológicos diseñados para reducir su estrés. Estos incluyen productos DAP, que significa Feromona Apaciguadora Canina, y que imita el aroma calmante liberado por la madre del perro durante los días posteriores al nacimiento. Los productos DAP vienen como difusores de ambiente, aerosoles o un collar. Otros productos que podrías probar son suplementos o alimentos que contienen caseína o L-triptófano. La caseína es un relajante en la leche materna, y el L-triptófano aumenta la hormona del bienestar, la serotonina, en el cerebro.

Si continúas experimentando problemas con la ansiedad por separación, vale la pena consultar a un especialista en comportamiento, ya que su experiencia puede identificar un enfoque exitoso para encaminar a tu perro hacia un camino más tranquilo.

Masticación

"Los Labradores Retrievers alivian su ansiedad masticando, así que asegúrate de tener palitos de bully, zanahorias, rodajas de manzana y astas para satisfacer su necesidad de masticar".

Lori Lutz
Bowery Run Labradors

La masticación puede parecer un mal comportamiento desde el punto de vista del dueño. Después de todo, ¡tus objetos preciosos están sien-

Foto cortesía de
Amy Seto

do destruidos! Pero de hecho, es un comportamiento natural para cualquier perro, y especialmente para un Labrador, porque como raza de trabajo diseñada para recuperar presas, tu perro tiene un instinto natural para llevar cosas en su boca.

La masticación también es algo positivo para un cachorro cuyos dientes están saliendo, ya que alivia la incomodidad. Además, un cachorro utiliza las sensaciones en su boca para explorar su nuevo mundo. Tu trabajo es asegurarte de que las cosas que tu cachorro mastica sean seguras para él, ya que masticará indiscriminadamente. La mayoría de los veterinarios en algún momento habrán tenido que lidiar con un cachorro que ha masticado las baterías de algo que quedó por ahí, como el control remoto del televisor, o que ha tragado algo indigerible. Los juguetes de los niños también serán un objetivo legítimo para tu cachorro. ¿Cómo va a saber qué juguetes son suyos y cuáles pertenecen a los niños de la familia? Pero los juguetes de los niños pueden ser peligrosos para tu perro, con componentes de plástico que pueden romperse, causar lesiones o ser tragados. Debes eliminar los peligros del alcance de tu cachorro, así como cualquier cosa que no quieras que se dañe. Entrenar a tu perro con jaula te ayudará a centrar su masticación en sus objetos permitidos. También puedes usar un corral para tu perro, o un corralito para tu hijo y sus juguetes.

"Son muy orientados a la boca, ya que son retrievers, esto está programado en ellos. No es algo que eliminarás fácilmente. Aseguatse de tener artículos que sean 'suyos' que puedan tener y llevar/morder. Si toman algo que tú no quieres que tengan, ofrece un intercambio por un objeto que se les permita tener y luego elógialos cuando acepten la oferta".

Neil y Jodi Martin
Carriage Hill Labradors

Los objetos masticables aceptables para que tu perro los muerda son un asta de ciervo o Kong®, como se mencionó anteriormente. También puede disfrutar de un masticable dental o un hueso crudo con médula. Nunca se deben dar huesos cocidos, ya que pueden astillarse. Las tiendas de mascotas también venden huesos esterilizados rellenos de una sabrosa médula blanda, que tu perro puede masticar con seguridad incluso después de haber lamido todo el relleno. Las vísceras secas de alta calidad pueden proporcionar un sabroso premio, pero no se recomienda el cuero crudo ya que está procesado químicamente y representa un peligro de asfixia.

Elogia a tu perro por masticar apropiadamente, y si mastica algo que tú deberías haber guardado, simplemente dile "No" con firmeza, y retírelo, luego dale algo que se le permita en su lugar.

Hiperactividad

El Labrador Retriever está criado para ser altamente activo; por lo tanto, cualquier persona que adopte esta raza debe estar preparada para comprometerse plenamente con las necesidades diarias de ejercicio de su perro. La causa más probable de un perro hiperactivo es uno que no ha tenido suficiente oportunidad de quemar el exceso de energía o usar su cerebro activo. Física y mentalmente, tu Labrador necesita trabajar si no quiere convertir su energía no gastada en frustración y volverse hiperactivo.

Además del ejercicio, el entrenamiento de obediencia realizado diariamente ayudará a tu Labrador a concentrarse y usar su cerebro, para que se sienta más satisfecho mentalmente. Esto es especialmente útil para los cachorros que no pueden hacer ejercicio físico extenuante hasta que sus placas de crecimiento estén establecidas.

Las líneas de sangre de tu Labrador pueden ser un factor en su hiperactividad. Por ejemplo, los Labradores de fuertes líneas de trabajo vivirán la vida más intensamente y tendrán más energía para gastar. El Labrador amarillo también se considera un perro más tranquilo que el Labrador negro. Esto nuevamente se debe a que el amarillo es un perro familiar más popular y, en consecuencia, se cría para tener una naturaleza más plácida.

En casos más raros, puede haber una causa física para la hiperactividad de un perro. A veces se trata de un desequilibrio intestinal, que puede corregirse con probióticos. Otros perros pueden beneficiarse de la adición de ácidos grasos esenciales en su dieta, provenientes de aceites de pescado de alta calidad. O la hiperactividad puede deberse a una deficiencia de triptófano, que se puede encontrar en el pollo y el pavo. Si tu perro hace suficiente ejercicio físico y mental, y estás considerando una causa dietética para su hiperactividad, debes consultar a tu veterinario para un examen físico completo y asesoramiento.

A pesar de la posibilidad de algunos pequeños contratiempos en una etapa temprana de la vida de tu Labrador, si le das a tu Labrador suficiente ejercicio, inviertes en entrenamiento a una edad temprana y le proporcionas un estilo de vida saludable, es probable que termines con un perro extremadamente bien comportado y de naturaleza amable, ya que este es el temperamento natural incorporado en los genes del Labrador Retriever.

CAPÍTULO 4
Cómo elegir un Labrador Retriever

"Creo que es importante que las personas investiguen sobre la raza. Se escucha constantemente que son excelentes perros familiares (y lo son), pero no debemos olvidar que son retrievers. Esto significa que les gusta llevarse cosas a la boca y son muy propensos a tragar objetos. También mastican bastante, y la etapa de cachorro generalmente dura entre 2 y 3 años completos".

Lauren McNeely
Bayard Acres Labrador Retrievers

*Foto cortesía de
Samantha Tillery*

¿Comprar o adoptar?

Una vez que hayas considerado todos los pros y contras de tener un Labrador Retriever, y decidido que estás listo para asumir el compromiso, el siguiente paso es reflexionar sobre si deberías comprar un cachorro a un criador o adoptar un perro abandonado de un refugio.

Es posible que ya tengas una idea clara sobre qué camino deseas tomar, y no existe una elección correcta o incorrecta. Tu decisión debe depender en gran medida de lo que esperas obtener de la tenencia de un perro. Para algunas personas, puede ser que sus hijos crezcan con la compañía de un perro, o para otras puede ser para exhibir o trabajar con tu perro, en cuyo caso, un cachorro podría adaptarse mejor a sus necesidades. Mientras que para otras personas, puede ser por la satisfacción de rehabilitar a un perro no deseado y brindarle un hogar amoroso. Nadie debería presionarte para elegir un enfoque sobre el otro, ya que lo principal es que, cualquiera sea la ruta que elijas, un Labrador Retriever se convertirá en un miembro querido y apreciado de la familia, y te aportará tanta alegría a tu vida como tú a la suya.

Si aspiras a exhibir a tu perro a un alto nivel, necesitarás comprar un cachorro de un criador registrado. Esto se debe a que los perros de exposición necesitan documentos de pedigrí. Los perros de rescate rara vez vienen con papeles. Esto generalmente se debe a las circunstancias bajo las cuales llegaron al rescate, pero también puede ser porque provienen de una crianza informal o desconocida. A veces un perro con pedigrí será acogido por un refugio, por ejemplo, porque el dueño anterior falleció o debido a una ruptura de relación, pero generalmente el rescate no transferirá los documentos de pedigrí para darle al perro un nuevo comienzo y asegurarse de que no sea vendido con fines de lucro o utilizado para la cría explotadora. Esta es también la razón por la que la mayoría de los rescates esterilizan a sus perros, pero si deseas exhibir un perro con la FCI, se requiere que no esté esterilizado. En algunos países es posible exhibir un perro esterilizado con un certificado de exención especial. Si solo deseas participar en exposiciones locales recreativas, generalmente no necesitarás presentar un certificado de pedigrí, ni importará si tu perro está esterilizado o no.

El Labrador Retriever es un perro de trabajo, por lo que puede estar más inclinado a competir en pruebas de actividad que en el ring de exposición. En estos casos, para algunas actividades como Pruebas de Campo y Pruebas de Perro de Caza, necesitarás un pedigrí registrado y la inscripción en el Registro de Razas para tu perro, pero otras actividades como

Pruebas de Trabajo, Agilidad y Obediencia están abiertas a todos los perros, siempre que estén registrados en el Registro de Actividades.

Por lo tanto, mientras que la mayoría de los dueños que planean competir en cualquier disciplina generalmente eligen comprar un cachorro, los perros de rescate también pueden encontrar una vocación, y varios Labradores Retrievers en el "Salón de la Fama" del Capítulo 2 provienen de un entorno de rescate.

Si estás eligiendo un perro de trabajo, probablemente estarás buscando líneas de sangre específicas para trabajo, por lo que puede convenirte comprar un cachorro de linaje de trabajo probado y entrenarlo para el trabajo que debes realizar. Sin embargo, a veces los perros de líneas de trabajo pueden ser entregados porque sus niveles de energía son demasiado altos para un hogar familiar. A menudo, estos perros han perdido el entrenamiento temprano, pero para un dueño experimentado de perros de trabajo, un refugio puede proporcionar a un Labrador Retriever un nuevo comienzo más adecuado a su temperamento y habilidades.

Muchas personas eligen adoptar por la satisfacción que produce dar un hogar a un perro no deseado y restaurar su fe en los humanos. Y no hay duda de que los refugios están llenos de perros que buscan su hogar definitivo, aunque los perros de pedigrí como el Labrador estén menos representados. Sin embargo, habrá muchas cruzas de Labrador en los refugios, y algunos centros de rescate solo reubican razas específicas, por lo que vale la pena buscar en línea rescates de Labradores en tu área si esperas encontrar a tu nuevo amigo en un refugio. La adopción puede ser una solución ideal para personas mayores, ya que comprometerse durante toda la vida útil de 12 años de un cachorro puede ser mirar demasiado lejos en un futuro incierto. Por lo tanto, adoptar un perro mayor que puede ser más tranquilo que un cachorro puede ser la solución perfecta, y el perro tendrá compañía individual durante sus años dorados.

Investigando el establecimiento

"Tómate tu tiempo e investiga al elegir un criador que críe para los rasgos que estás buscando, ya sea para líneas de caza, conformación o simplemente un gran perro familiar".

Lauren McNeely
Bayard Acres Labrador Retrievers

Si has decidido adquirir un cachorro de Labrador, lo primero que debe estar en tu agenda, dados todos los problemas de salud a los que está predispuesta la raza, es buscar un criador de buena reputación. El primer paso en tu búsqueda debería ser el sitio web de la organización canina de tu país.

Foto cortesía de Shauna Braun

Simplemente haz clic en "Buscar un cachorro" y luego ingresa tu área geográfica, y encontrarás todos los criadores registrados con camadas disponibles.

Sin embargo, si ya conoces las líneas de sangre del Labrador, y tal vez deseas comprar un perro que provenga del mismo linaje que otros que conoce y admira, entonces puedes contactar directamente al criador. Pero es posible que tengas que estar en una lista de espera para un cachorro, especialmente de las líneas de sangre más solicitadas. Esto es algo positivo, ya que demuestra que el criador no está sobre-explotando a sus perros.

Cuando llames o envíes un correo electrónico a un criador por primera vez, hay algunas cosas que debes tener en cuenta y preguntas que debes hacer, antes de concertar una cita para visitar a los cachorros. Recuerda, un buen criador no resentirá una avalancha de preguntas, y de hecho agradecerá tu minuciosidad, ya que demuestra que estás adoptando un enfoque responsable hacia la tenencia de perros. Los buenos criadores se enorgullecen de su profesionalismo y estarán encantados de discutir sus altos estándares de bienestar de la raza. También deberían mostrarse excepcionalmente conocedores sobre los Labradores.

Asegúrate de preguntar las siguientes cosas:

1. ¿Puedo ver al cachorro con su madre? (Todos los criadores acreditados aceptarán esto).

2. ¿Puedo ver el pedigrí de la madre?

3. ¿Qué edad tiene la madre?

4. ¿Cuántas camadas ha tenido la madre?

5.   ¿Cómo es su temperamento?

6.   ¿Ha sido examinada para detectar condiciones hereditarias y puedo ver los certificados?

7.   ¿Quién es el padre?

8.   ¿Puedo ver su pedigrí?

9.   ¿Cómo es su temperamento?

10.   ¿Puedo contactar al propietario del padre (si pertenece a un propietario diferente)?

11.   ¿Puedo manipular a todos los cachorros de la camada?

12.   ¿El cachorro ha sido registrado en la organización canina (si es de pedigrí)?

13.   ¿Qué edad tiene el cachorro?

14.   ¿El cachorro está completamente destetado?

15.   ¿El cachorro está sano?

16.   ¿El cachorro ha comenzado sus vacunas? ¿Puedo ver su cartilla de vacunación?

17.   ¿El cachorro ha sido desparasitado?

18.   ¿El cachorro tiene microchip?

19.   ¿Qué está comiendo el cachorro?

20.   ¿Qué socialización ha tenido el cachorro?

21.   ¿Puedo ver dónde se mantienen los perros, dónde duermen y dónde nacieron los cachorros?

22.   ¿Puedo tener los datos de su veterinario?

23.   ¿Puedo devolver el cachorro si tiene algún problema de salud o las cosas no funcionan?

24.   ¿Puedo visitar varias veces antes de llevarme mi cachorro a casa? (Un buen criador fomentará esto).

Los buenos criadores también tienen tanto interés en asegurarse de que sus cachorros vayan a buenos hogares como tú en comprar un cachorro de alta calidad. Así que, ¡no te sorprendas si a ti también te hacen preguntas!

Investiga sobre los padres

"Asegúrate de que el criador haya certificado la salud de la pareja reproductora a través de PennHip y la Fundación Ortopédica para Animales para la displasia de cadera y codo y la determinación de válvulas cardíacas a la edad de dos años. El criador también debe realizar pruebas genéticas a través de agencias como PawPrintGenetics u Optigen para problemas hereditarios como HNPK (desprendimiento de la nariz), PRA, PRA-rcd (trastornos oculares), EIC (colapso inducido por ejercicio), CNM (miopatía centronuclear), trastorno del sistema nervioso que causa que la parte trasera falle. Las agencias emiten certificados para demostrar que se han realizado las pruebas genéticas y se entregan al criador".

Lori Lutz
Bowery Run Labradors

Debes preguntar al criador sobre las pruebas de salud que realiza en sus ejemplares reproductores, ya que los Labradores pueden estar sujetos a muchas condiciones hereditarias. Las pruebas de salud mínimas para Labradores requeridas por organizaciones caninas reconocidas y centros de información de salud canina son:

- Puntuaciones de cadera

- Puntuaciones de codo

- Un examen ocular

- Una prueba de ADN para el Colapso Inducido por Ejercicio

- Un ADN para el gen del pelaje diluido (mencionado en el Capítulo 2)

- Otras pruebas opcionales incluyen un examen cardíaco y pruebas de ADN para Miopatía Centronuclear y prcd-PRA.

Lo ideal sería pedirle al criador que envíe por correo electrónico o postal copias de estas pruebas de salud antes de ir a ver a los cachorros.

Las puntuaciones de cadera van de 0 a 106 (53 en cada cadera). Se expresa como dos números, y cuanto menor sea la puntuación, mejor. Los criadores solo deberían criar a partir de padres que puntúen por debajo del promedio de la raza, y para un Labrador, esto es 12, o 6:6. Además de un número bajo, debes buscar números uniformes en ambos lados.

Las puntuaciones de codo se califican de 0 a 3. Cero es un codo perfecto, por lo que ambos padres deberían idealmente puntuar 0.

Foto cortesía de Megan Seliger

El criador también debe enviarte una copia de los pedigríes de los padres, y debes buscar la menor endogamia posible. Esto se debe a que la variación genética protege contra las enfermedades hereditarias.

Otras cosas que debes verificar por adelantado se refieren al bienestar general de los perros. Debes preguntar dónde viven los perros. Pueden ser perreras o en el hogar. Si están en el hogar, los cachorros estarán bien adaptados al entorno doméstico cuando lleves a tu cachorro a casa. Si están en una perrera, más común con perros de trabajo, los cachorros aún deberían pasar algún tiempo cada día dentro del hogar. Debes inspeccionar el entorno de vida de los perros cuando visites.

Un buen criador debe tener la máxima preocupación por la salud de sus hembras reproductoras. Por lo tanto, debes verificar que la madre no haya tenido más de una camada en un período de 12 meses, y que no haya tenido más de tres camadas en su vida. Debe tener entre dos y ocho años en el momento del parto.

Pregunta al criador sobre su servicio posventa y apoyo. Un buen criador siempre permanecerá contactable en caso de cualquier problema o para ofrecer asesoramiento. Algunos incluso ofrecen alojamiento durante las vacaciones. La mayoría de los criadores acreditados siempre aceptarán de vuelta a un cachorro si las cosas no funcionan o si ya no puedes cuidarlo. Sin embargo, esto no es excusa para tomar un cachorro a la ligera, y el criador buscará la medida de tu compromiso antes de liberar a uno de sus preciosos cachorros a tu cuidado.

Una palabra de precaución: si decides evitar la lista de Criadores Asegurados de la organización canina y comprar un cachorro de Labrador a un vendedor privado, debes ser muy consciente de los peligros.

Todos han oído hablar del término "granja de cachorros" o "fábrica de cachorros" y confían en que los detectarían a kilómetros de distancia. Sin embargo, muchos criadores sin licencia mostrarán sus cachorros en una sala limpia que está muy lejos de los cobertizos sucios y superpoblados en la parte trasera donde realmente se mantienen sus perros. Y si e muestran pedigríes o certificados, es posible que no pertenezcan realmente a los padres. Comprar un cachorro de Labrador barato probablemente te costará caro en el futuro cuando tu perro sucumba a su pobre herencia genética. Y perpetúas el sufrimiento animal, por lo que no hay nada más importante para el bienestar animal, y tu propio bolsillo a largo plazo, que apoyar la cría responsable.

Examinando al cachorro

Las tres cualidades más importantes que debes considerar en tu cachorro deben ser heredadas de los padres, y son temperamento, salud y capacidad. Es posible que no tengas la oportunidad de conocer al padre de los cachorros, pero habrás visto sus documentos para asegurarte de su salud y capacidad. Sin embargo, siempre debes ver a la madre, por lo que también podrás evaluar su temperamento. Esta es la mejor guía, ya que cuando conozcas a tu cachorro por primera vez a las 5-8 semanas, no será fácil detectar cómo resultará. Sin embargo, puedes notar que algunos cachorros son asertivos y otros pueden ser más tranquilos. El estándar de la raza establece que un Labrador Retriever debe ser extrovertido y nunca tímido. Pero en caso de duda, es una buena regla general buscar al perro que parece estar a medio camino entre los dos extremos si no quieres tener que lidiar con la dominancia o el miedo.

Es posible que ya tengas una idea de si preferirías un Labrador Retriever macho o hembra. Afortunadamente, con esta raza de carácter fácil, hay poca diferencia en el temperamento, independientemente de lo que elijas, especialmente si planeas esterilizar a tu perro. Una hembra de Labrador entrará en celo dos veces al año, lo que puede ser desordenado e inconveniente. Por lo tanto, a menos que planees criar con ella, lo cual no se recomienda a menos que tengas la intención de unirte a los Criadores Aprobados por la organización canina, es mejor esterilizar a tu perra después de su primer celo. Esto también la protegerá de una infección mortal del útero llamada piometra que puede afectar a las hembras no esterilizadas.

También es una buena idea castrar a tu Labrador macho si no tienes la intención de criar con él, ya que lo hará menos propenso a vagar y potencialmente más gentil por naturaleza. Además, ¡no se convertirá en un padre no intencionado!

Si no tienes experiencia con cachorros, es una buena idea llevar a un amigo conocedor contigo para ver la camada. Esto ayudará a asegurarte de que tu corazón no gobierne tu cabeza, y estés buscando todas las características de un cachorro saludable. Aunque si estás comprando a un criador registrado, deberías esperar que todos los cachorros cumplan con este estándar.

Debes observar al criador levantar a los cachorros, y estos deberían aceptar ser manipulados. El criador debería permitirte levantar a los cachorros para verificar su salud física. Debes asegurarte de que los ojos, orejas y trasero del cachorro estén limpios y libres de secreciones. Su pelaje debe ser sedoso sin costras, y su vientre debe estar regordete pero no duro.

Comprueba que no haya un bulto en su vientre que pueda ser una hernia umbilical, y si estás mirando a un macho, verifica que tenga dos testículos descendidos, aunque estos pueden no ser evidentes hasta que lo recojas después de las 8 semanas, y a veces incluso más tarde que eso.

Cuando recojas a tu cachorro, este debe venir con un paquete completo para cachorros, que contenga su contrato de venta, el certificado de registro y pedigrí de tu perro, registro de inmunización, registro de desparasitación y consejos para la continuación del cuidado, socialización, ejercicio y adiestramiento. También recibirás una garantía contractual, detallando cualquier condición que pueda aplicarse si necesitas devolver un cachorro.

Tan pronto como sea posible después de recoger a tu cachorro, debes llevarlo a tu veterinario para un examen físico completo. Esto asegurará que no hayas pasado por alto nada que pueda afectar la salud de tu perro, y lo registrarás con tu veterinario para la continuación de sus vacunas y

Foto cortesía de
Donna Launonen

atención médica continua. Debes tratar de evitar formar demasiado apego a tu cachorro hasta que el veterinario le dé el visto bueno, ya que estará contigo potencialmente durante los próximos doce años o más, por lo que tiene que ser la decisión correcta.

Consideraciones sobre un perro de rescate

Si has decidido adoptar en lugar de comprar tu Labrador Retriever, primero debes identificar un refugio que tenga Labradores. La mayoría de los refugios tienen un sitio web donde puedes ver los perros disponibles para adopción, y vendrán con una breve evaluación de sus antecedentes, temperamento y el tipo de hogar al que se adaptarían. Además de los refugios de razas mixtas, puedes encontrar un refugio en tu área que se especialice en Labradores y Retrievers. La ventaja de una organización de rescate especializada es que tienen mucha experiencia en la raza y pueden evaluar a los perros y sus necesidades, por lo que tendrás una indicación confiable de lo que estás asumiendo, y el rescate puede estar mejor capacitado para hacer una combinación perfecta.

Cuando hayas identificado un perro, o una lista corta de perros, en los que estés interesado, la organización de rescate te pedirá que completes un formulario de solicitud. Es probable que te pregunten sobre tus circunstancias personales, experiencia y algunos detalles de tu hogar. La mayoría de los rescates acreditados asignarán a un verificador de hogar para visitar tu casa, independientemente de si eres un dueño de perros novato o experimentado. Esto es parte de tu deber de cuidado hacia los perros de los que han asumido la responsabilidad, y es en parte para verificar tu identidad y dirección de casa, y en parte solo para asegurarse de que tu espacio vital sea adecuado y seguro para el perro. Si

Foto cortesía de Tom Morgan

Foto cortesía de Amy Seto

el verificador del hogar nota algo que necesita atención, por ejemplo, una cerca que es demasiado baja o tiene un hueco, o materiales peligrosos en el patio, el rescate te pedirá que soluciones estos problemas antes de que puedas llevarte al perro.

Cuando recojas a tu perro, se te pedirá que pagues una tarifa de adopción. Esto puede ser casi tanto como el precio de comprar un cachorro, pero sirve para varios propósitos importantes. En primer lugar, la tarifa es una medida de tu compromiso con el perro, y también asegura que nadie vaya a un rescate para recoger un perro gratis para peleas, cría o reventa. En segundo lugar, tu perro de rescate ha tenido un costo financiero para la organización, ya que un rescate acreditado habrá pagado por atención veterinaria, microchip, vacunas, tratamiento antiparasitario, esterilización, alimentación, alojamiento y transporte.

Una buena organización de rescate proporcionará apoyo continuo para ti y tu perro durante toda su vida, y como parte del acuerdo de adopción, si tus circunstancias cambiaran alguna vez, estarás obligado a devolver el perro al rescate para su reubicación en lugar de encontrarle otro hogar mismo. Esto se debe a que un rescate se compromete con el bienestar del perro de por vida, para asegurarse de que nunca lo decepcionen nuevamente, y se realizarán las mismas verificaciones cuidadosas en el próximo hogar del perro que se hicieron en el tuyo.

Un perro de rescate puede venir con problemas de salud debido a una mala crianza o negligencia previa. También puede venir con cicatrices psicológicas y es posible que no haya sido bien adiestrado desde una edad temprana. Por lo tanto, al asumir un perro de rescate, probablemente tendrás trabajo adicional para cambiar la vida de tu amigo de cuatro patas. Las clases de adiestramiento pueden proporcionar experiencia y apoyo moral, y tu veterinario también es una valiosa fuente de consejos. El rescate también está ahí para ayudarte, y pueden ponerte en contacto con un especialista en comportamiento si lo necesitas. Nunca debes ser demasiado orgulloso para pedir ayuda, ya que todos quieren que la asociación funcione.

Afortunadamente, los Labradores son naturalmente amigables y adiestrables, y la mayoría de las personas no encuentran problemas persistentes con la raza. Por lo tanto, tienes la mejor oportunidad de disfrutar de muchos años felices y satisfactorios con tu Labrador de rescate. ¡Y él nunca se contendrá en hacerte saber cuánto te aprecia!

CAPÍTULO 5
Preparativos para un Nuevo Perro

"Los cachorros de Labrador requieren trabajo y una cantidad considerable de tiempo desde el principio, así que asegúrate de que tu agenda esté libre durante el primer mes que los traiga a casa. Intenta limitar cualquier vacación/viaje y visitas para que puedas establecer un vínculo adecuado con tu cachorro. De ocho a doce semanas es un período crítico para crear ese vínculo".

Neil y Jodi Martin
Carriage Hill Labradors

Preparando Tu Hogar

"Gatea por el suelo y busca cualquier cosa que pueda ser mordida. Los cables son los favoritos de los cachorros y pueden causar electrocución. Asegúrate de conseguir muchos juguetes para redirigir su atención y crea una zona segura para el cachorro cuando tú no puedas estar vigilándolo".

Jennifer Robinson
Chestnut's Labs2Love

Ya sea que estés comprando un cachorro o adoptando un Labrador de un refugio, habrá algunas semanas previas al día en que traigas a tu perro a casa, y este es el momento de asegurarte de que tu hogar esté listo para recibir al nuevo integrante.

Incluso si ya tienes un perro y piensas que tu jardín es seguro, debes considerar al perro que traerás a casa, ya que puede tener un conjunto totalmente nuevo de métodos de escape. Ya sea que traigas a casa un cachorro o un perro adulto, tu jardín aún no es su territorio y no conoce los límites. Tampoco ha establecido un vínculo contigo como su dueño y proveedor, por lo que no tiene motivos para permanecer a tu lado. Por lo tanto, cualquier hueco en tus cercas debe ser cerrado, o tu perro se dirigirá hacia las colinas a la primera oportunidad, especialmente un Labrador. Si estás trayendo a casa un cachorro, debe ser especialmente consciente de las rutas de escape bajo sus cercas, y si estás adoptando un Labrador adulto, debes asegurarte de que tus cercas sean lo suficientemente altas para que no salte. Se recomienda una altura de 1,80 metros.

Los Labradores tienen un instinto natural para deambular, especialmente los machos no castrados, y hasta que hayas entrenado a tu perro para que permanezca dentro de tu territorio, no puedes dejarlo sin supervisión en el jardín a menos que hayas asegurado completamente su perímetro.

Recuerda también que un Labrador es un perro de pedigrí y un objetivo para los ladrones de perros. Debes asegurarte de que tu puerta trasera esté cerrada con llave en todo momento. Si tu puerta no tiene cerradura, asegúrate de conseguir una antes de traer a tu perro a casa.

Si tú haces jardinería o tienes niños que juegan en el patio, tendrás que aceptar que, de ahora en adelante, tu jardín también será el baño y espacio

de juego de tu perro, y que puede cavar agujeros y comer plantas, independientemente de si son tóxicas o no. Por lo tanto, si tu jardín es lo suficientemente grande, considera quizás dividirlo, para que puedas seguir teniendo tu área de jardinería, y los niños puedan jugar con seguridad lejos de cualquier excremento que puedas haber pasado por alto. En el área de tu perro, podrías crear un arenero para que satisfaga su impulso de cavar en un espacio donde no pueda causar daños.

Querrás limpiar los desechos de tu perro diariamente, así que podrías pensar dónde los desechará, y tener una pala para excrementos lista para la tarea.

Si utilizas métodos químicos de control de plagas, como cebos para babosas, trampas para hormigas o cebos para ratas, o fertilizantes químicos, estos ya no deben utilizarse en las partes de tu jardín a las que tu perro tenga acceso. Puedes considerar métodos más naturales de control de plagas y jardinería orgánica. Además, si cultivas frutas y verduras, asegúrate de que tu Labrador no tenga acceso a cebollas, vides de uva, frutas con hueso, brócoli, ruibarbo, tomates verdes o las partes verdes de las plantas de patata.

Si tienes algún peligro en tu jardín, como paneles de vidrio, basura u hongos, estos deben eliminarse antes de que llegue tu perro. Si estás adoptando, estos probablemente habrán sido destacados durante la inspección del hogar. Pero si estás comprando tu primer cachorro, podrías pedirle a un amigo con experiencia en perros que revise tu jardín para ver si ha pasado algo por alto.

Dentro del hogar, debes pensar si deseas que tu nuevo perro tenga libertad en toda la casa, o si prefieres restringirlo a ciertas áreas. Siempre es mejor comenzar con restricciones y relajarlas más tarde, en lugar de imponer restricciones una vez que tu perro se haya acostumbrado a la libertad total. Además, cuando estés entrenando a tu perro para hacer sus necesidades, es útil si puede mantenerse principalmente en habitaciones con pisos duros que sean fáciles de limpiar. Si planeas entrenar a tu perro con jaula, entonces debes pensar dónde colocarla. Esta será el área para dormir de tu perro por la noche, por lo que debes estar alejada de corrientes de aire. Pero a tu perro también le gustará tener compañía cuando use su jaula durante el día, por lo que la cocina o una esquina de la sala de estar suelen funcionar mejor. Tu perro debe ver su jaula como su espacio seguro, así que dejar la puerta abierta y permitirle elegir entrar, es el camino hacia la aceptación. Puedes hacer que la jaula de tu perro sea atractiva para él colocando una manta suave, juguetes y objetos seguros para masticar.

Inspecciona las habitaciones donde se permitirá estar a tu perro, y piensa si necesitas quitar algo que tu perro destruirá o que pueda ser peligroso para él. Estos incluyen objetos frágiles, dispositivos con baterías, zapatos, juguetes de niños, libros, medicamentos, alimentos y cualquier cosa que valores particularmente. Recuerda, la dentición hace que tu Labrador quiera masticar, pero el aburrimiento lo hará aún más destructivo. Incluso podría destruir el sofá o los marcos de las puertas si sufre ansiedad por separación. Entrenar a tu Lab con jaula desde el principio es una buena idea, y tener un espacio seguro puede hacerlo menos ansioso y más inclinado a calmarse.

Si estás adoptando un cachorro, definitivamente habrá desastres en la casa en los primeros días, e incluso si estás adoptando un Labrador adulto, es posible que necesites hacer algo de entrenamiento para hacer sus necesidades, especialmente si solo ha vivido en una perrera. Si tienes pisos duros, la limpieza será rápida y fácil, pero si tienes alfombras, vale la pena invertir en una limpiadora de alfombras y un limpiador enzimático para tratar rápidamente cualquier accidente. Incluso podrías considerar quitar las alfombras durante los primeros meses. Sin embargo, los Labradores aprenden rápido, por lo que pronto dominará el entrenamiento para hacer sus necesidades. Algunos consejos para esto se dan en el Capítulo 6.

Recoger a tu perro probablemente implique tu primer viaje en automóvil, y puedes experimentar mareos durante el camino a casa. También es probable que orine o defeque. Así que asegúrate de poner algunas toallas viejas en el automóvil y algunas toallitas húmedas, así como un recipiente y una botella de agua si el viaje es largo. El Capítulo 7 cubre viajar con tu perro, y te ayudará a decidir dónde en el automóvil deseas que viaje. Tu perro siempre debe estar sujeto en el automóvil, por su propia seguridad, y para que no cause un accidente. Este es un requisito legal en algunos países. Por lo tanto, deberás planificar con anticipación y comprar una jaula o arnés para el primer viaje a casa de tu perro.

¡Un poco de previsión durante las emocionantes semanas previas a la llegada de tu nuevo perro resolverá cualquier problema antes de que ocurra, y asegurará que se adapte a tu familia y hogar de inmediato!

Lista de Compras

"La estimulación mental es tan importante como el ejercicio físico, así que consigue juguetes de rompecabezas, pelotas dispensadoras de premios, esconda juguetes para que tu perro los encuentre, etc."

Tiffany Ginkel
Cedar Ranch Labrador Retrievers

Si este es tu primer perro, la lista de cosas para conseguir para él puede parecer abrumadora. Pero mientras que ciertas cosas son elementos básicos esenciales, la mayoría de los accesorios que verás en la tienda de mascotas son lujos que quizás desees comprar más adelante, pero que no necesitas desde el principio. Aquí repasaremos sus requisitos básicos.

Jaulas

Para empezar, ya sea que planees entrenar a tu cachorro con jaula o no, una jaula sigue siendo útil por todo tipo de razones. Para comenzar, puede ser tu método preferido para transportar a tu perro en el automóvil. También es útil tenerla en el hogar como el espacio seguro de tu perro, incluso si nunca lo encierras. Puedes separar a tu perro si necesitas tiempo lejos de los niños u otros perros. Y si se lesiona o enferma, puede necesitar descanso en la jaula durante un corto tiempo mientras mejora.

Puedes comprar jaulas de metal o tela, pero ya sea que estés recibiendo un cachorro o un perro de rescate, una jaula de metal es mejor porque resiste las mordeduras. Puedes obtener cubiertas especiales para jaulas de metal para ayudar a tu perro a calmarse por la noche, o simplemente

Foto cortesía de
Christianna Legner

puedes usar una toalla o manta. Si vas a utilizar su jaula para entrenar a tu Labrador a hacer sus necesidades, es importante no comprar una que sea demasiado grande, incluso si crecerá para adaptarse a ella. Esto se debe a que un perro tiene el instinto de no ensuciar su cama, pero si su jaula es grande, puede simplemente hacer sus necesidades en la esquina opuesta, en lugar de esperar a que lo dejen salir al jardín. Los perros también prefieren sentirse bastante cómodos en su jaula. Esto significa que puedes tener que comenzar con una jaula mediana y comprar una grande cuando tu perro crezca. Pero siempre puedes comprar de segunda mano y vender su jaula vieja cuando cambie de tamaño.

Camas

Tu Labrador también necesitará una cama. Incluso si va a dormir en su jaula por la noche, aún puede apreciar una cama en otra parte de la casa para usar durante el día cuando quiera estar a tu lado. Al igual que con la jaula, tu cachorro Labrador superará el tamaño de su cama con el tiempo, por lo que no tiene sentido invertir en algo demasiado caro, especialmente

*Foto cortesía de
Brittany Pescara
Black Swamp Labradors*

porque es probable que la muerda. Por esta razón, las camas de plástico son ideales para cachorros. Puedes hacerlas cómodas con toallas viejas o mantas. Las camas de tela acolchadas pueden parecer más acogedoras, pero es seguro que tu perro sacará el relleno para su propio entretenimiento, por lo que puedes pasar a una cama más lujosa más adelante. El relleno no solo puede causar un desastre, los Labradores tienden a comer de todo, y por lo tanto el relleno puede representar un riesgo real de bloqueos gastrointestinales.

Collares, Arneses y Correas

Lo siguiente que necesitarás son un collar, un arnés y una correa. Los collares y arneses generalmente son ajustables, por lo que mientras puedas hacerlos lo suficientemente pequeños para tu perro, seguirán ajustándose a él durante un buen tiempo a medida que crece. Se recomienda que tu perro use un collar, ya que lleva su placa de identificación, que también debes tener a mano antes de que llegue a tu hogar. Esto se debe a que los primeros días son cuando tu Lab es más propenso a extraviarse o escaparse. La placa de identificación de tu perro debe tener tu número de teléfono móvil actual como mínimo. Tu dirección es opcional, pero las placas de identificación generalmente no llevan el nombre del perro. Si tu perro no tiene microchip, debes pedirle a tu veterinario que le inserte un chip en su primera cita, ya que esta es una forma de identificación que no puede caerse ni ser removida por ladrones, y podría conducir a la devolución de tu perro después de un robo o extravío. El microchip se discute más a fondo en el Capítulo 11.

También se recomienda un arnés por dos razones. En primer lugar, un perro puede fácilmente deslizarse fuera de su collar, pero es menos probable que se salga de un arnés, y en segundo lugar, un arnés distribuye la tracción de la correa a través del pecho, en lugar de tirar del área delicada del cuello. Aunque tu Labrador aprenderá a caminar con una correa suelta, seguramente tirará de ella al principio, y necesitas protegerlo contra lesiones en el cuello. Por la misma razón, nunca debes comprar una cadena de ahorque, ni asistir a una clase de entrenamiento donde se utilice este método severo.

La única correa que necesitarás en esta etapa es una correa corta con clip hecha de tejido de tela o cuero. No es necesario comprar una correa extensible, ya que entrenarás a tu Labrador para que camine bien con una correa corta, y le enseñarás un llamado confiable para que pueda disfrutar sin correa. Las correas extensibles tienen sus usos pero también pueden

Foto cortesía de
Kristin Daniello

causar accidentes. Puedes considerar comprar una línea larga para el entrenamiento de llamado, pero esto es opcional y se discute en el Capítulo 6.

Recipientes

Los únicos otros elementos esenciales que tu perro necesitará en esta etapa son recipientes para comida y agua. Estos no necesitan ser de la tienda de mascotas, pero deben ser pesados para evitar que se empujen por el suelo. Es posible que tu nuevo perro venga con algo de su comida regular, especialmente si estás comprando un cachorro. Si no, debes preguntar qué está comiendo actualmente el perro y continuar con su dieta regular mientras se adapta. Si eliges cambiarlo a una dieta diferente en las próximas semanas, esto debe hacerse gradualmente. Hay más información sobre nutrición en el Capítulo 8.

Presentando Tu Nuevo Labrador Retriever a Otros Perros

"Al presentar un nuevo cachorro a otras mascotas, siempre hazlo en una zona neutral del hogar, lejos de los recipientes de comida, juguetes preciados o áreas favoritas para dormir. Coloca al cachorro en tu antebrazo con la parte trasera hacia afuera para que el otro animal lo olfatee. Asegúrate de que el otro animal o animales estén con correa y sostenidos por otra persona en caso de que sea necesario separarlos. Si hay más de un perro en el hogar, preséntalos de uno en uno. Pon al cachorro en la jaula para protegerlo y permite que los otros animales circulen alrededor de la jaula sin correa para olfatear a través de ella. No pongas al cachorro en el suelo a menos que estés completamente seguro de que los otros animales no lo atacarán por celos o miedo".

Lori Lutz
Bowery Run Labradors

Si ya tienes un perro, puedes estar deseando traer a casa un nuevo amigo para él, y en la mayoría de los casos los perros se llevarán bien; sin embargo, puede que no sea amor a primera vista. Esto se debe a que tu perro residente ve su casa como su territorio, y a tu familia como exclusivamente sus humanos. Puede que no esté tan dispuesto a compartir con el recién llegado. Además, si tu perro residente es anciano, y estás trayendo un cachorro a casa, los perros mayores pueden ser bastante intolerantes con los cachorros, y los cachorros pueden ser irrespetuosos con otros perros mientras aún están aprendiendo las reglas. Por lo tanto, las presentaciones cuidadosas son importantes, para asegurarse de que la nueva relación comience de la mejor manera.

Si estás adoptando un perro de rescate de un refugio, es posible que ya hayas conocido a tu perro residente en un "encuentro previo". Los refugios a menudo quieren tener una idea de cómo se llevará el nuevo perro con el que ya tienes, pero para mantenerlos lo más libre de estrés posible, un encuentro previo generalmente tendrá lugar en una zona neutral, lejos del territorio de su propio hogar. Así que incluso si tus perros se han llevado bien en el encuentro previo, ahora necesitan aprender a compartir su espacio vital y sus humanos por primera vez.

El peor lugar para que tu nuevo perro se encuentre cara a cara con tu perro residente por primera vez es en la puerta de entrada. Esta es una confrontación inmediata y pone a tu perro residente a la defensiva, porque un perro desconocido está a punto de entrar en su territorio. Cuando traigas atsu nuevo perro a casa, debes llevarlo al jardín trasero. Si solo se puede acceder a tu jardín a través de la casa, pide a un amigo o familiar que saque a pasear a tu perro residente cuando ya vayas a llegar. Permite que tu nuevo perro se familiarice con el jardín, el tiempo suficiente para que procese su nuevo entorno, luego deja salir a tu perro residente con calma y sin alboroto. Estate preparado para una serie de reacciones que seguirán en rápida sucesión, posiblemente desde shock hasta curiosidad, excitación, reproche, persecución y, con suerte, juego y aceptación. Debes mantenerte al margen y dejar que los perros lo resuelvan, pero estar preparado para intervenir solo si notas las señales de advertencia de agresión. En la mayoría de los casos, un primer encuentro en el jardín será bastante tranquilo, ya que el perro residente no sabe que el recién llegado está aquí para quedarse, puede que solo esté de visita para jugar. Por lo tanto, no se siente tan a la defensiva como si el primer encuentro hubiera ocurrido en la casa.

Si no tienes un jardín seguro, o el clima es malo, o hay alguna otra razón por la que la presentación no puede tener lugar afuera, entonces todavía hay una manera correcta de manejar las primeras presentaciones en la casa o apartamento. En este caso, el perro residente debe ser sacado a pasear mientras el nuevo perro es llevado al hogar, y se le da suficiente tiempo para procesar su entorno y calmarse. Luego, tu perro residente debe ser traído de vuelta a la casa con calma para encontrar al recién llegado ya allí y asentado. Nuevamente, el encuentro inicial puede ser tenso, e incluso puede haber algunas peleas, pero debes mantener la calma y evitar reaccionar exageradamente mientras los perros se conocen. Si tienes niños, es una buena idea que estén en otro lugar mientras tus perros se conocen por primera vez, ya que no deseas agregar más emoción al encuentro de lo necesario.

Una vez que las vacunas de tu cachorro estén completas, puedes salir al parque y conocer a otros perros de todas las edades. Sin embargo, es de vital importancia que tu cachorro no tenga una experiencia negativa de socialización, y como los cachorros pueden ser bastante excitados, pueden poner a prueba la paciencia de algunos perros, especialmente los mayores. Así que siempre mantén los encuentros cortos y positivos, con el permiso completo de los otros dueños de perros. La socialización temprana debe ser con correa, para que puedas extraer a tu cachorro fácilmente si las cosas parecen estar a punto de volverse malas.

Siempre debes estar atento al lenguaje corporal canino al supervisar encuentros con otros perros. Es natural que dos perros se acerquen nariz con nariz, luego se giren para olfatear el otro extremo. Deben parecer relajados, con la cola moviéndose suavemente. Si el cuerpo y la cola se ponen rígidos, o la cola comienza a vibrar, el perro puede estar listo para morder, especialmente si los labios se retraen. Esta es una señal inmediata para que termine el encuentro antes de que una experiencia positiva se convierta en negativa y dañes la confianza de tu cachorro, o incluso cause lesiones.

Presentando Tu Nuevo Labrador Retriever a los Niños

El Labrador Retriever es un gran perro familiar y, en la mayoría de los casos, se llevará bien con los niños. Sin embargo, la relación entre tu perro y los niños comienza primero con enseñar a tus hijos cómo comportarse alrededor de los perros.

Si este es tu primer perro, y tus hijos son bastante pequeños sin mucha experiencia en estar cerca de perros, debes utilizar el tiempo previo a traer a tu perro a casa para llevar a tus hijos a visitar amigos con perros amigables con los niños. Estas presentaciones deben ser muy cuidadosamente dirigidas por ti, para que los perros no sean sometidos a ningún estrés. Si tus hijos no pueden respetar las reglas de estas presentaciones, entonces puedes tener que reconsiderar traer un perro a tu hogar en esta etapa.

Explica a tus hijos que deben ser muy suaves al saludar a un perro, y nunca correr hacia él o agarrar sus orejas o cola. Dies que se acerquen al perro desde el lado, hablándole suavemente para tener cuidado de no tomarlo por sorpresa. Diles que ofrezcan al perro un puño cerrado para olfatear, y luego muestra a tus hijos los lugares en el cuerpo de un perro donde disfrutará ser acariciado, en la parte posterior de su cuello y espalda. Asegúrate de que tus hijos sepan que no deben intentar acariciar al perro mientras está comiendo o durmiendo. Si tus hijos son mayores, puedes explicarles sobre el lenguaje corporal de un perro y cómo detectar las señales de advertencia de agresión, como se explica en la sección anterior. Además, debes tratar de involucrar a tus hijos en el cuidado de tu perro, paseando, alimentando y acicalando a tu perro, para que tu nuevo perro aprenda a respetar a tus hijos como parte del equipo que satisface sus necesidades.

Si tu Labrador Retriever es dominante por naturaleza, entonces siempre existe el riesgo de que intente infiltrarse en la jerarquía del hogar asumiendo el segundo lugar por debajo de ti y tu pareja, pero por delante de los niños. Esto puede llevarlo a gruñir o mostrar los dientes a los niños, o incluso a morder, a pesar de que no es parte del comportamiento natural de un Labrador. Involucrar a tus hijos en el cuidado del perro, y especialmente en su entrenamiento, ayudará a abordar este problema. Si tu perro tiende a ser dominante, asegúrate de que duerma en la planta baja y nunca en los dormitorios, especialmente no en la cama principal, ya que esto solo le dirá que él es el jefe y puede establecer las reglas de la casa.

Afortunadamente, el Labrador no es un perro agresivo por naturaleza, y en muchos aspectos, completa la familia. Para un niño, crecer con un perro enseña respeto, amabilidad, gentileza y responsabilidad. También fomenta el ejercicio físico. Y tener un Labrador en la familia puede definir la infancia de un niño y crear un recuerdo que siempre traerá alegría al recordarlo.

CAPÍTULO 6
Adiestramiento

"Comienza a adiestrar a tu cachorro tan pronto como lo traigas a casa; nada perjudicará más su progreso que permitirle comportamientos inadecuados hasta que cumpla seis meses de edad".

Kathy Jackson
Karemy Labs

Ya sea que estés trayendo a casa un cachorro o un Labrador Retriever rescatado, necesitarás realizar algún tipo de adiestramiento con tu nuevo compañero. Un Labrador Retriever es naturalmente inteligente y adiestrable, por lo que, en muchos aspectos, el progreso con un cachorro puede ser más rápido que el readiestramiento de un perro mayor con comportamientos ya arraigados. Si tú has adiestrado perros anteriormente, tendrás tus propios métodos probados y comprobados, pero si eres nuevo en el adiestramiento canino o simplemente agradecerías algo de apoyo, es una excelente idea unirse a una clase de adiestramiento. Debes mantener los métodos que utilice su clase de adiestramiento para no confundir a tu perro. Pero si estás adiestrando a tu perro en casa, hay excelentes tutoriales en línea que demuestran cómo enseñar todas las órdenes básicas.

Aunque existen muchos métodos diferentes de adiestramiento, lo importante a tener en cuenta es que los métodos severos, por ejemplo, aquellos que utilizan collares de ahorque o castigos, han sido desacreditados y se sabe que no funcionan. Esto se debe a que crearán un perro temeroso e incluso pueden causarle lesiones físicas, sin mencionar el daño a tu relación. Hoy en día, los métodos de adiestramiento más recomendados utilizan el refuerzo positivo. Esto significa que tu perro es recompensado por la acción correcta, aprendiendo así lo que tú requieres de él. El refuerzo positivo hace que tu perro esté ansioso por aprender y fortalece su vínculo. La recompensa que le des a tu perro puede ser simplemente elogios o su juguete favorito, pero generalmente implica una pequeña recompensa de comida. Para un perro como el Labrador, esto es un gran incentivo, ¡lo que puede ser una de las razones por las que el Labrador es una de las razas caninas más adiestrables del mundo! Recuerda ajustar la porción regular de comida de tu perro mientras estés utilizando recompensas alimenticias, ya que los Labradores son propensos a aumentar de peso.

Las golosinas de adiestramiento están disponibles comercialmente, pero puedes utilizar pequeños trozos de salchicha o chips de hígado seco. Sin embargo, ¡para un Labrador, incluso sus croquetas normales serán motivación suficiente!

El adiestramiento con clicker también es un método popular. Es igual que el refuerzo positivo o el adiestramiento basado en recompensas, pero además de la recompensa, el dueño utiliza un clicker para cada acción correcta. Esta es una señal adicional para el perro de que ha realizado la acción correcta, y las golosinas pueden reducirse gradualmente en favor del clicker solo.

En este capítulo se ofrece un breve resumen de cómo adiestrar a tu perro.

Foto cortesía de Sue Joy

Entrenamiento para Hacer sus Necesidades

"Utiliza el método de adiestramiento con jaula. Si no estás en casa o no puedes vigilar al cachorro, ponlo en una jaula. Puede parecer cruel, pero los Labradores terminan amando su jaula y la ven como un lugar seguro. Además, nunca permitas que tenga un accidente dentro de la casa o volverá a ese mismo lugar, lo olerá y hará sus necesidades nuevamente. Cuando saques al cachorro de su jaula, o cuando termine de comer, llévalo directamente afuera a la misma área cada vez".

Lauren McNeely
Bayard Acres Labrador Retrievers

Si has traído a casa un cachorro Labrador, aprender a hacer sus necesidades será lo primero que necesite aprender. Si has rescatado a tu Labrador, es posible que ya esté limpio en la casa, pero muchos perros rescatados no lo están, ya sea porque nunca han sido adiestrados adecuadamente o porque siempre han vivido al aire libre. Adiestrar a un perro mayor puede ser más difícil, pero tienes dos factores a tu favor: es natural que un perro

mantenga limpia su área para dormir, y estás adiestrando a un Labrador, que por naturaleza aprende rápidamente.

Es debido al instinto del perro de mantener limpia su área para dormir que muchas personas favorecen el adiestramiento con jaula. Si tu perro acepta una jaula, lo que harán la mayoría de los cachorros, aunque algunos perros mayores pueden no hacerlo, entonces instintivamente evitará ensuciarla, siempre que se le den muchas oportunidades de hacer sus necesidades al aire libre.

Hay dos cosas a tener en cuenta con el adiestramiento con jaula; primero, si su jaula es demasiado grande, tu perro simplemente puede hacer sus necesidades en la esquina opuesta a su cama, y segundo, es vital no hacerlo esperar si necesita hacer sus necesidades, especialmente con un cachorro que aún no ha desarrollado control muscular. Así que saca a tu perro al patio cada hora para empezar. Aquí es donde le enseñarás a hacer sus necesidades bajo orden.

Enseñar palabras de orden a tu perro se conoce como adiestramiento asociativo, y básicamente le estás enseñando lenguaje humano. Por lo tanto, para lograr esto, en la etapa de adiestramiento, debes usar la palabra de la orden solo cuando esté realizando la acción correcta, y no antes. Esto es para que asocie la palabra con la acción mediante repetición constante y recompensa. Una vez que la palabra esté cimentada en su cerebro como asociada con la acción, podrás usarla como una orden para pedirle la acción correcta. Este proceso no se puede apresurar, ya que si usas la palabra como una orden antes de que el perro haya hecho la asociación, comenzará a asociarla con correr haciendo lo suyo, y tu trabajo se deshará.

Enseñar a un perro a hacer sus necesidades adecuadamente requiere paciencia. Para algunos perros, es algo natural y solo toma cuestión de días, mientras que otros pueden tardar varias semanas en entender que deben hacer sus necesidades afuera. Para empezar, estás trabajando con los instintos naturales de tu perro de no ensuciar su cama y de hacer sus necesidades cuando siente la hierba bajo sus patas. Además, la mayoría de los perros, particularmente los machos, instintivamente cubrirán el olor de otro animal con su propia orina, por lo que es otro incentivo para hacer sus necesidades afuera.

En los primeros días del entrenamiento para hacer sus necesidades, simplemente llevarás a tu perro afuera para su descanso, y esperarás pacientemente, observando a tu perro de cerca para detectar el primer signo de que está a punto de hacer sus necesidades. Con un cachorro, esto puede ser simplemente agacharse, ya que los cachorros machos no necesariamente levantan la pata en esta etapa. Cuando estés seguro de que tu perro está comenzando a hacer sus necesidades, puedes usar tu palabra de orden elegida. Puede ser cualquier cosa con la que te sientas cómodo, siempre que seas consistente y no suene similar a tus otras palabras de orden. "Ocúpate" es una palabra de orden popular para hacer sus necesidades. Cuando tu perro haya terminado, debes darle muchas caricias y una pequeña golosina para mostrarle que ha hecho lo correcto.

Si no estás adiestrando con jaula, deberás vigilar de cerca a tu perro en la casa, ya que si se acostumbra a hacer sus necesidades en interiores, perderá la iniciativa. Sácalo con frecuencia, y si lo ves preparándose para hacer sus necesidades en interiores, llévalo afuera rápidamente. Si llega demasiado tarde, nunca debes regañar a tu perro, ya que lo hará temeroso y podría hacer sus necesidades más por estrés. Simplemente limpia el área a fondo con un limpiador enzimático para descomponer el amoníaco, ya que los perros se sienten atraídos por áreas donde huelen este químico natural, y puede llevar a marcajes repetidos.

No se recomienda el uso de paños absorbentes para cachorros o periódicos , ya que le dan permiso al perro para hacer sus necesidades en interiores, y el perro aprende que una textura suave bajo sus patas está bien para aliviarse. Esto puede llevar a hacer sus necesidades en alfombras y muebles. Tu perro necesita aprender que solo la hierba o la tierra bajo sus patas le da permiso para hacer sus necesidades.

Tu Labrador seguramente aprenderá rápidamente porque es inteligente. Sin embargo, si en una etapa posterior notas que regresa y comienza a hacer sus necesidades en interiores nuevamente, debes llevarlo a tu veterinario para un chequeo. Puede tener una enfermedad o infección. O a veces, puede estar bajo estrés psicológico, que podría ser ayudado por tu veterinario o un especialista en comportamiento. Muy raramente es culpa de tu Labrador, ya que todo lo que realmente quiere es complacerte.

Cómo Enseñar a Sentarse

"Mantén siempre las sesiones de adiestramiento para sentarse, echarse, buscar, en no más de diez minutos para los cachorros y es útil hacer el adiestramiento justo antes de la hora de la comida para que aprecien la recompensa".

Lori Lutz
Bowery Run Labradors

"Sentado" es una orden importante para enseñar a tu Labrador, porque crea una situación donde el perro está concentrado y estático, listo para cualquier orden adicional que pueda seguir. También es una orden importante para la propia seguridad de tu perro. "Sentado" es una orden fácil de aprender para tu perro, y al ser recompensado por su logro, ¡estará ansioso por los siguientes pasos en su educación!

Para comenzar a enseñarle cualquier cosa a tu perro, necesitas toda su atención. Los cachorros están llenos de energía, por lo que esto puede ser un desafío al principio; sin embargo, es probable que tu Labrador esté muy concentrado si tienes una sabrosa golosina en la mano, lista para que se la gane. Si estás adiestrando a un cachorro, debes arrodillarse en el suelo a su nivel.

Comienza enseñando "Mírame" a tu perro. Para ganarse la golosina, todo lo que tu perro tiene que hacer para ganar su recompensa es mantener contacto visual sostenido contigo. Después de varias repeticiones, deberías estar entendiendo que es hora de clase.

Foto cortesía de
Fernando Yoc

Con la atención de tu perro centrada en ti, acerca tu mano con la golosina encerrada hacia la nariz de tu perro. Ahora, con un movimiento suave, lleva la golosina sobre la parte posterior de la cabeza de tu perro. Con esto, los cuartos traseros de tu perro se bajarán instintivamente. Cuando su trasero toque el suelo, es cuando debes usar la palabra de orden "Sentado" y le das la golosina y algunas caricias.

Si tu perro no se sienta instintivamente con esta acción, sino que gira o salta, debes mantener la paciencia. No debes forzar a tu perro a la posición sentada, pero puedes guiar suavemente sus cuartos traseros con tu mano libre. Cuando lo haya hecho bien algunas veces, entenderá la idea, y varias repeticiones más lo fijarán en su mente.

A medida que avanza su adiestramiento, puedes ir eliminando gradualmente la señal manual, haciéndola más pequeña. En esta etapa, tu perro ha hecho la conexión con la palabra "Sentado". Así, llegará a la etapa en que puedes usar la palabra de orden antes de la acción, para pedir que se siente. Luego puedes recompensarlo. Pero con el tiempo, también puedes ir eliminando gradualmente la golosina, de modo que solo la alabanza sea su recompensa.

No tienes que alcanzar todas estas etapas en una sesión de adiestramiento. De hecho, para la mayoría de los perros, alcanzar todas las etapas en una sesión de adiestramiento es imposible. En promedio, tomará varias semanas aprender lo básico, y unos pocos meses más para reforzarlos. Mantén las sesiones cortas para tu perro y termina con una nota positiva. Integra el adiestramiento en tu rutina diaria para que pronto se convierta en algo natural, y no será una tarea para ninguno de los dos.

Cómo Enseñar a Quedarse Quieto

Quedarse quieto es una orden potencialmente salvavidas para enseñar a tu perro. Requiere gran obediencia de su parte, ya que le estás pidiendo que anule su instinto, que puede ser seguirte, correr o perseguir lo que haya captado su atención.

Junto con la orden de quedarse quieto, también necesitas enseñar una orden para liberar a tu perro de la posición. Una buena palabra para esto es "Libre". Necesitas controlar tanto la permanencia como la liberación, para que tu perro tome tus instrucciones de ti y no comience a pensar que puede terminar la permanencia cuando le plazca.

Paso 1: Para enseñar a quedarse quieto, primero pon a tu perro en la posición Sentado, lo que significa que está quieto, concentrado y listo para aprender.

Paso 2: Puedes usar entonces la palabra "Quieto", ya que está quedándose quieto, pero no lo recompenses todavía o pensará que su trabajo ha terminado.

Paso 3: Luego lo liberarás guiándolo lejos de la posición Sentado con una golosina en tu mano.

Paso 4: Inmediatamente cuando se levante, usa la palabra "Libre".

Una vez que hayas enseñado a tu perro a asociar la palabra con la acción, puedes liberarlo con solo la palabra "Libre" y sin acción manual, y luego darle la golosina y algunas caricias.

Cuando tu perro haya dominado el concepto de Quieto y Libre, debes ponerlo en Quieto, luego caminar unos pasos antes de liberarlo. Si intenta seguirte, regresa y ponlo de nuevo en Quieto. Si esto no le resulta natural a tu perro, puedes pedirle a un ayudante que sostenga el collar de tu perro mientras te alejas, y que lo suelte cuando lo liberes. A medida que aprende el patrón, tu ayudante puede soltarlo antes, luego retroceder, y finalmente ya no ser necesario. Aumenta la distancia a la que se aleja y el tiempo que mantienes a tu perro en Quieto a medida que avanza su adiestramiento, eventualmente moviéndote fuera de la vista de tu perro mientras permanece quieto.

Cómo Enseñar a Echarse

Para enseñar a tu Labrador Retriever a echarse, primero debes pedirle que se siente. Arrodíllate frente a tu perro y asegúrate de tener toda su atención. Muéstrale que tienes una golosina en tu mano cerrada acercándola a su nariz, luego inmediatamente hacia abajo hacia el suelo entre sus patas. Tu perro debería entonces instintivamente bajar sus patas delanteras, y una vez que sus codos toquen el suelo, puedes recompensarlo, pero no uses la palabra de orden todavía.

La siguiente etapa es conseguir que sus cuartos traseros también se bajen, para que esté echado. Es posible que ya haya bajado tanto sus patas delanteras como sus cuartos traseros en la primera etapa, pero si no, una vez que sus patas delanteras estén abajo, usattu mano libre como una barra de limbo sobre su espalda, y trae la golosina hacia ti, para que tenga que arrastrarse hacia adelante. Esto hará que sus cuartos traseros se bajen bajo la barra de limbo, y deberías lograr una posición de echado. Si no sucede de inmediato, simplemente sé paciente y sigue repitiendo el ejercicio. Puedes recompensar cada paso de progreso que haga tu perro, pero no uses la orden "Échate" hasta que realmente logres la posición correcta. Luego repite varias veces más para fijar la orden en el cerebro de tu Labrador.

Cómo Enseñar a Caminar con Correa

Enseñar a tu Labrador Retriever a caminar correctamente con una correa suelta es muy importante, ya que va a crecer hasta ser un perro poderoso, y tú no quieres ser ese dueño que es arrastrado por el parque por su perro testarudo. Tirar de la correa es malo para tu perro y puede causarle lesiones, y también puede causarte lesiones a ti. También socava tu relación con tu perro, quien debería estar respetando tus reglas. Así que, aunque tu cachorro Labrador piense que la correa es algo para morder y jugar, cuanto antes comiences el adiestramiento con correa, mejor.

Si has adoptado un perro que nunca ha sido adiestrado para caminar correctamente con correa, tendrás que superar un comportamiento arraigado, pero la misma premisa básica se aplica, cualquiera que sea la edad de tu Labrador. Tu perro va a aprender que si quiere avanzar, esto solo sucederá con una correa suelta. Cuando tira, tú te detienes. Esto puede parecer muy tedioso al principio, y es posible que nunca avance mucho, pero realmente vale la pena perseverar.

Para animar a tu perro a concentrarse en ti en lugar de tirar de la correa, debes tratar de ser emocionante y lleno de aliento. Por supuesto, si tienes golosinas en el bolsillo, la mayoría de los Labradores encontrarán eso muy emocionante, por lo que puedes seguir dándole a tu perro una recompensa de comida mientras camina correctamente. Para este ejercicio, debes estar usando una correa corta unida a un collar, con tu perro a tu izquierda, y la correa en tu mano derecha. Esto deja tu mano izquierda libre en el lado del perro para seguir dando las golosinas.

No dejes que tu perro asuma en qué dirección vas. Necesita buscar en ti las señales. Sigue cambiando de dirección y sigue manteniéndolo interesado. Y al igual que antes, mantén las sesiones de adiestramiento cortas, para que puedas terminar con una nota positiva antes de que la concentración de tu perro disminuya.

Si tu perro ha estado aprendiendo a caminar con correa en un entorno de clase de adiestramiento, y parece estar haciéndolo bien, no te desanimes si encuentras que se vuelve difícil tan pronto como intentas pasearlo al

aire libre. Obviamente, hay muchas más distracciones afuera, así que este es el siguiente paso en su adiestramiento. Simplemente sé paciente y mantén los ejercicios diariamente, y tu Labrador aprenderá que caminar con correa significa caminar correctamente a tu lado.

Cómo Enseñar a Caminar sin Correa

El Labrador Retriever fue criado como un perro de trabajo, por lo que es natural que quiera correr libremente por el campo, explorando su entorno, quemando su energía inagotable y ejercitando su mente ocupada. Esto lo haría felizmente todo el día, sin embargo, tu Labrador puede correr kilómetros, por lo que necesitas poder llamarlo instantáneamente por su propia seguridad. Una buena llamada de regreso es de vital importancia para un Labrador para que pueda disfrutar de toda la libertad que conlleva ser un perro confiable.

Todo el adiestramiento temprano que has hecho con tu perro antes de que incluso viera toda la atracción de estar al aire libre, establecerá una base firme para su adiestramiento de llamada, porque has establecido tu relación y le has enseñado que tú eres su amo, proveedor y amigo. Por lo tanto, es en su interés obedecerte, y siendo un Labrador, realmente quiere complacerte.

Cuando estabas enseñando Quieto y Libre, estabas preparando a tu perro para estar sin correa, dándole permiso para alejarse en tus términos. Este ejercicio es una buena manera de comenzar en un área segura cerrada, enviando a tu perro lejos por períodos más largos para correr y explorar, y luego llamándolo de vuelta con la orden "Ven".

Al igual que con las órdenes anteriores, para hacer la asociación, no debes usar la palabra hasta que tu perro esté realmente haciendo la acción. Así, en su espacio seguro, envía a tu perro lejos, luego en el momento en que haga contacto visual contigo nuevamente, capta toda su atención mostrando una golosina y mientras se acerca a ti, llama "Ven" con mucho entusiasmo, y mucha alabanza cuando esté de nuevo a tu lado.

Si no tienes un espacio seguro completamente cerrado, o tu perro es más lento para responder, puedes usar una línea de adiestramiento ligera. Estas son líneas muy largas que se enganchan al arnés de un perro y te permiten controlar el rango que se le permite a tu perro, y alentar suavemente su regreso junto con la recompensa de golosinas y alabanzas. Solo debes usar una correa de adiestramiento con un arnés, nunca con un collar, en caso de que corra a velocidad hasta el final, lo que podría causar una lesión en el cuello.

Inicialmente, debes llamar a tu perro con mucha frecuencia, y no dejarlo demasiado abandonado por tu propia agenda. Además, cambia de dirección con frecuencia, para que tu perro tenga que mantenerse concentrado en tu posición. Si tu perro se escapa, trata de evitar perseguirlo, a menos que esté corriendo hacia el peligro, ya que eso es un juego para él. En cambio, debes girar en la dirección opuesta. Cuando tu perro note que tú te estás alejando de él, esto generalmente lo sacude lo suficiente como para volver corriendo a tu lado.

Debido a que el Labrador es un perro de trabajo, a algunas personas les gusta enseñar la llamada de regreso con un silbato. Este puede ser un silbato audible ordinario o un silbato para perros, que es un silbato de alta frecuencia solo audible para el perro. El silbato tiene la ventaja de ser audible a larga distancia si tu perro ha corrido lejos. Como los perros de trabajo generalmente tienen un alcance considerable, el silbato es un accesorio útil, pero debes recordar llevarlo siempre.

Agilidad y Flyball

Tu Labrador Retriever es tan atlético e inteligente que realmente podría disfrutar de la oportunidad de ejercitar su cuerpo y mente en actividades divertidas como la agilidad y el flyball. Estos deportes son de alta intensidad y nunca deben ser intentados por cachorros, debido al impacto en sus huesos blandos y placas de crecimiento no desarrolladas. Pero después de que tu Labrador cumpla un año, puede comenzar el entrenamiento de agilidad de bajo impacto, progresando a los saltos más altos después de los 18 meses de edad.

Durante el primer año de vida de tu perro, todo el adiestramiento de obediencia que estás haciendo con tu perro lo estás preparando perfectamente para la agilidad y el flyball, ya que aprende a concentrarse en ti, actuar según tus órdenes y obtener la satisfacción de ganarse tu alabanza. La agilidad generalmente se enseña con un bolsillo lleno de golosinas de adiestramiento, por lo que tu Labrador estará altamente motivado y aprenderá rápidamente.

El flyball implica enviar a tu perro alrededor de un circuito a alta velocidad para recuperar una pelota y luego regresar. A los Labradores les encanta correr y recuperar, por lo que es probable que a tu perro le encante el flyball. Su entrenamiento anterior de llamada lo preparará bien para el flyball, ya que a diferencia de la agilidad, está haciendo el recorrido solo. Esto puede convenirte mejor si tu propia condición física te impide correr junto a tu perro en un recorrido de agilidad.

La mayoría de los Labradores encontrarán la agilidad y el flyball enormemente agradables, ya que los deportes apelan a todos sus instintos y habilidades naturales. Sin embargo, algunos perros más sensibles pueden no disfrutar de la experiencia, y no hay valor en causar estrés a tu perro. Si tienes alguna duda, siempre debes consultar a tu veterinario antes de inscribirte en el entrenamiento de agilidad o flyball.

CAPÍTULO 7
Viajar

"Los Labradores son excelentes compañeros de viaje. Son tranquilos y se llevan bien con la mayoría de las personas y mascotas. A la mayoría de los Labradores les encanta viajar en automóvil."

Jennifer Robinson
Chestnut's Labs2Love

Aunque la idea de llevar a tu Labrador de vacaciones, o a algún lugar divertido como un paseo por el bosque, puede ser una perspectiva emocionante para ti, tu Labrador no siempre estará de acuerdo. Algunos perros viajan excelentemente, mientras que otros encuentran la situación estresante o desagradable por diversas razones. Por lo tanto, estar preparado para viajar ayudará a que el viaje transcurra sin problemas y sea lo más agradable posible para tu perro. Este capítulo analizará todos los diferentes aspectos de viajar con tu perro, ya sea cerca o lejos, en avión o en automóvil, y te dará consejos para ayudarte a estar preparado para tu viaje.

Preparativos para el viaje

La preparación para viajar no comienza solo unas horas o días antes del viaje, sino que debe iniciarse cuando tu perro es un cachorro. Adiestrar a tu cachorro de Labrador para que viaje con confianza es vital para un viaje sin estrés. En la etapa de cachorro, la principal razón por la que los perros viajan en automóvil es para ir al veterinario para sus vacunas, lo que asocia el viaje con una experiencia negativa. Por lo tanto, es importante esforzarse desde el principio para ayudar a tu cachorro a asociar el automóvil con momentos positivos y divertidos.

Comienza presentando a tu cachorro el automóvil. Esto puede ser tan simple como abrir las puertas y dejarlo explorar a su propio ritmo. Cuando hayas decidido dónde es probable que viaje tu Labrador en el automóvil, colócalo en esa área y dale una golosina. Incluso puedes acostumbrarte a darle una comida en esa área, ¡ya que una de las cosas favoritas de un Labrador es comer! Esto te permitirá comenzar a asociar el automóvil con algo positivo. Después de hacer esto varias veces, puedes comenzar a introducir el encendido del motor, subirlo al automóvil contigo y luego conducir una distancia muy corta, antes de aumentar gradualmente a un viaje más largo.

Ahora que has preparado mentalmente a tu Labrador para el viaje, también debes hacer preparativos prácticos. Si vas a realizar un viaje largo que requiere cruzar fronteras, asegúrate de conocer las regulaciones del estado o país al que viajas. Es probable que tu perro necesite un pasaporte para

Foto cortesía de
John & Linda Ledwith

mascotas, que puede ser proporcionado por tu veterinario. Como requisito para un pasaporte de mascota, tu Labrador deberá tener un microchip, si aún no lo tiene, y estar al día con sus vacunas.

Esta es una buena oportunidad para visitar a tu veterinario y asegurarte de que todo esté en orden para viajar. Algunos países requerirán una vacuna contra la rabia, seguida de pruebas serológicas de anticuerpos, para garantizar que tu perro haya desarrollado inmunidad contra la rabia. Otros países requerirán un tratamiento contra la tenia dentro de las 72 horas previas al viaje. Y si estás tomando un vuelo, en lugar de conducir, es probable que la aerolínea requiera un certificado de salud proporcionado por tu veterinario. Por lo tanto, un chequeo de tu veterinario te ayudará a asegurarte de que todo esté en orden y te permitirá recoger algún tratamiento contra pulgas o desparasitación si es probable que caduque mientras estás fuera, o medicamentos crónicos si son necesarios.

Una vez que estés seguro de que tu Labrador está listo para viajar, es importante asegurarte de que tú también lo estés. Vale la pena tomarse un tiempo para buscar las clínicas veterinarias locales en el área donde te hospedarás, e ingresar los números en la lista de contactos de tu teléfono móvil en caso de que tu perro necesite tratamiento de emergencia mientras estás fuera. Además, contacta con la empresa donde está registrado el microchip de tu perro, para asegurarte de que tus datos estén actualizados. De esa manera, si se pierde, siempre podrá ser rastreado hasta ti. Un número de teléfono móvil antiguo hace que el microchip sea inútil. Si te tranquiliza, también puede ser una buena idea poner una etiqueta temporal en el collar de tu perro con la dirección de donde te hospedas, aunque esto no es tan necesario como una etiqueta con los datos de tu hogar y el número de teléfono móvil correcto.

Foto cortesía de
Danielle Belmonte

Viajar en automóvil

Si tu Labrador encuentra estresantes los viajes en automóvil y babea excesivamente, debes considerar si podría estar experimentando mareo por movimiento. Esto se puede prevenir ya sea viajando con el estómago vacío (si el viaje no es demasiado largo), o pidiendo a tu veterinario pastillas contra el mareo para administrar antes del viaje.

Antes de partir en tu viaje, debes decidir cómo va a viajar tu perro en el automóvil. Una forma popular y segura para que viaje es con un arnés de asiento para perros. Este es un arnés que se bloquea en el clip del cinturón de seguridad cuando tu perro está sentado en el asiento trasero. Como resultado, tu perro estará protegido si sufre una colisión. Sin embargo, algunas personas encuentran problemático permitir que su perro viaje en el asiento trasero. No solo deja pelo en los asientos, sino que también ocupa el espacio donde podría sentarse una persona. Si la limpieza es el problema, puedes comprar una funda impermeable para perros para el asiento, que es particularmente útil si has llevado a tu perro a un paseo que implica embarrarse o has ido a nadar (¡especialmente porque los Labradores tienen una fuerte afinidad con el agua fangosa!). Si prefieres que tu perro viaje en otro lugar del automóvil, la mayoría de los maleteros tienen accesorios donde puedes sujetar un arnés.

También hay otras opciones para donde tu Labrador puede viajar en el automóvil. El maletero es una opción obvia para muchos. Sin embargo, es importante que si utilizas esta área para tu perro, debes tener una rejilla para perros entre los asientos traseros y el maletero para evitar que tu Labrador se una a ti en la parte delantera. Esta opción tampoco proporciona mucha protección para tu perro si sufre un accidente, ya que el maletero tiende a deformarse en una colisión trasera. Si tienes un automóvil más grande, podrías considerar una jaula en el maletero. Esta debe ser lo suficientemente grande para que tu Labrador pueda pararse, darse la vuelta y acostarse cómodamente sin tocar los lados. Puedes poner una cama, toallas o mantas para hacerla cómoda, y una vez acostumbrado, tu perro probablemente la encontrará como un área positiva y reconfortante.

Cuando viajas largas distancias en automóvil, asegurarte de que tu perro esté cómodo es muy importante. Esto no solo significa que tenga algo cómodo donde sentarse, sino que tenga muchas paradas para correr, hacer sus necesidades y beber agua. Como guía, esto debería ser al menos cada cuatro horas. La comida en un viaje es menos importante, sin embargo, si tu viaje es particularmente largo, debes permitirle una pequeña comida cada 12 horas. Otro factor relacionado con la comodidad al que debes atender es la temperatura, especialmente si tu automóvil no tiene aire acondicionado. Por lo tanto, es una buena idea viajar en la parte más fresca del día. Nunca debes dejar a tu perro en el automóvil sin aire acondicionado y con las ventanas cerradas, ya que las temperaturas pueden elevarse a niveles peligrosos en cuestión de minutos. Si tienes que detenerte y dejarlo en el automóvil, trata de mantener el tiempo al mínimo, asegúrate de que tu automóvil esté estacionado a la sombra y que haya suficiente flujo de aire hacia donde está sentado tu perro.

Viajar en avión

Viajar en avión no debe tomarse a la ligera, sin embargo, a veces es inevitable. Por ejemplo, podrías estar mudándote a otro país o estado y la distancia ser demasiado larga para conducir. Cuando viajas con tu Labrador por aire, hay mucho en qué pensar, y puede resultarte útil solicitar los servicios de un transportista especializado en mascotas que se encargará de todos los arreglos por ti. Estos proveedores de servicios tienen mucha experiencia y podrán proporcionarte una gran cantidad de información para eliminar el estrés.

Cuando se viaja en avión, los perros pequeños y los perros de servicio pueden viajar en la cabina. Sin embargo, la mayoría de los Labradores que no son perros de trabajo tendrán que viajar como carga debido a su tamaño. No todas las aerolíneas son iguales, y por lo tanto, investigar los requisitos específicos de tu vuelo asegurará que el proceso transcurra lo más fluido posible. Si tu Labrador es menor de 12 semanas, o las temperaturas previstas a la salida, llegada y durante las conexiones son particularmente cálidas o frías, es posible que se le niegue el viaje a tu perro.

Si tu Labrador tiene que viajar como carga, necesitará viajar en una jaula aprobada por la aerolínea. Cada aerolínea tendrá diferentes requisitos para el tamaño y la estructura de la jaula, y es tu responsabilidad asegurarte de que la jaula de tu perro sea adecuada. La mayoría de las aerolíneas también requerirán un certificado de salud o aptitud para viajar de tu veterinario, así como un pasaporte para mascotas, y algunos destinos requerirán vacunas específicas o documentación de exportación también. Por eso es importante realizar una investigación exhaustiva antes de viajar para asegurarte de tener todo lo necesario para el viaje.

*Foto cortesía de
Jordan Hohl*

Alojamiento de vacaciones

Antes de reservar tu alojamiento, verifica que tu Labrador también pueda hospedarse allí. No todos los alojamientos vacacionales aceptan mascotas. También vale la pena tener en cuenta que incluso si tu alojamiento acepta mascotas, no todos los huéspedes tendrán mascotas, o incluso les gustarán los animales, y por lo tanto, debes tratar de ser cortés con todos los que se hospedan en el lugar contigo.

Cuando llegues, infórmate sobre las reglas. Algunos lugares te permitirán pasear a tu perro libremente por las instalaciones, mientras que otros preferirán que permanezca dentro de su propia área. También pueden tener preferencias sobre dónde puedes llevar a tu perro a hacer sus necesidades. Asegúrate siempre de limpiar después de tu perro.

Tu alojamiento vacacional será nuevo para tu perro, lo que puede acoger con entusiasmo o puede encontrar un poco inquietante. Por lo tanto, para evitar cualquier ansiedad innecesaria y prevenir interrupciones como ladridos o masticación de muebles, nunca debes dejarlo solo. Si tu Labrador está adiestrado para usar jaula, puede encontrar consuelo durmiendo en un lugar que le resulte familiar.

Cuando dejes tu hotel, debes tratar de dejarlo como lo encontraste. Los anfitriones no deberían tener que emplear servicios de limpieza adicionales para devolver el alojamiento a su estado original solo porque tu perro estuvo allí.

Dejar a tu Labrador Retriever en casa

A veces puedes tener que irte y querer o necesitar dejar a tu perro en casa. Hay muchas opciones para hacer esto, y no hay una opción particular que sea la "mejor". Cada opción se adaptará a ciertos perros y familias mejor que otras. Además, los Labradores en particular son altamente adaptables, por lo que esto debería ayudar a reducir parte del estrés de la situación.

La primera opción es reservar una residencia canina para tu Labrador. La ventaja de este tipo de establecimientos es que están bien equipados para cuidar perros, y el personal tiene mucha experiencia en el trato con una variedad de diferentes personalidades, razas y problemas de salud de perros. De esta manera puedes estar seguro de que profesionales están cuidando a tu perro. Las residencias caninas suelen ser negocios bien establecidos dentro de la comunidad, y será fácil investigar reseñas sobre el lugar para ver cómo los clientes anteriores sintieron que cuidaron a sus perros. También puedes visitarlos antes de irte, para inspeccionar su configuración y conocer al personal. La desventaja de las residencias es que generalmente acogen a un gran número de perros a la vez, y por lo tanto, tu perro puede tener una atención individual limitada. Los perros generalmente residen en grandes espacios, con una sección interior o cubierta, y una sección exterior, durante la mayor parte del día, permitiéndoles salir una o dos veces al día para socializar con otros perros y hacer ejercicio. Esto podría adaptarse brillantemente a tu perro, pero algunos perros con una naturaleza más sensible, podrían encontrarlo estresante.

Otra opción es pedirle a un amigo o familiar que cuide a tu perro en tu propia casa. Esta es una excelente opción si ya conocen a tu perro, ya que entonces tu perro está familiarizado con ellos, lo que puede aliviar algo de ansiedad en tu ausencia. Si tu amigo o vecino tiene otros perros, es importante asegurarte de que la dinámica funcione antes de que tu perro vaya a quedarse con ellos. Algunos perros son altamente territoriales en su propio espacio, e incluso si son mejores amigos durante un paseo, no debes asumir que ese será el caso en tu propia casa. Por lo tanto, asegúrate de llevar a tu perro a la casa de tu amigo o familiar con anticipación para evaluar cómo irá. Recuerda, tu amigo o familiar probablemente está haciendo esto por ti como un favor, así que trate de asegurarte de que sea lo más fácil posible para ellos; abastézcate con suficiente comida para perros, medicamentos crónicos (si es necesario) y todas las comodidades de tu perro, como ropa de cama y juguetes.

Finalmente, la última opción es tener un cuidador profesional de mascotas que venga y se quede en tu casa. Esta es una gran opción para muchas personas, ya que significa que tu perro puede permanecer en su propio entorno, y tu casa no se deja vacía durante un período prolongado de tiempo. Los cuidadores de mascotas generalmente tienen experiencia en el cuidado de perros y, por lo tanto, puedes estar seguro de que tu perro está recibiendo mucha atención y siendo bien cuidado. Si eliges contratar a un cuidador de mascotas, asegúrate de que tu perro haya tenido varias oportunidades de conocerlo con anticipación. Puedes hacer esto invitándolos a tu casa o a un paseo. La desventaja de los cuidadores de mascotas es que generalmente son más caros que las otras opciones.

CAPÍTULO 8
Nutrición

"Los Labrador Retriever generalmente tienen un estómago de hierro y se adaptan bien a muchas dietas. Yo utilizo croquetas premium con una fuente de proteína entre los primeros cinco ingredientes. Añado zanahorias, huevo, rodajas de manzana, arándanos, sandía o batata a las croquetas para mejorar la nutrición. Evita las croquetas que contengan maíz, es un relleno barato que puede causar acumulación de levaduras en los oídos y provocar alergias en la piel. Otros granos son buenos en las croquetas y son necesarios para prevenir el agrandamiento del corazón (MCD) debido al aminoácido taurina."

Lori Lutz
Bowery Run Labradors

Importancia de la Nutrición

Una dieta equilibrada, apropiada para la etapa de vida de tu Labrador, es una de las cosas más importantes que debes proporcionarle a tu perro. La salud está estrechamente vinculada a la dieta, y si tu Labrador no recibe todos los minerales, vitaminas y nutrientes importantes que necesitas, tu salud subyacente e inmunidad se verán afectadas.

Foto cortesía de Tim Choldas

Hay varias clases de nutrientes que deben tenerse en cuenta: carbohidratos, proteínas, grasas, fibra, vitaminas y minerales. Es una idea errónea común que, dado que los ancestros de nuestros perros eran carnívoros, los perros domesticados también deberían comer una dieta predominantemente basada en carne, alta en proteínas. El sistema digestivo de un perro domesticado hoy en día es muy diferente del sistema digestivo de un lobo, y por lo tanto, los perros ahora se consideran omnívoros. Esto significa que, aunque las proteínas son esenciales, los perros también necesitan otros ingredientes no basados en carne en su dieta para que sea equilibrada. Las dietas de solo carne sin granos se han vuelto populares en el mundo canino recientemente, sin embargo, pueden hacer más daño que bien, resultando en condiciones de salud como enfermedades cardíacas y del tracto urinario. Por lo tanto, las dietas equilibradas son esenciales para mantener a tu Labrador saludable.

Una dieta equilibrada significará algo diferente para un cachorro en comparación con un Labrador adulto, y por lo tanto, alimentar con un alimento que esté equilibrado para la etapa de vida de tu Labrador es esencial. La Federación Cinológica Internacional (FCI) establece directrices para las empresas fabricantes de alimentos, para que formulen consistentemente alimentos que sean perfectos para cachorros, adultos de baja energía, adultos de alta energía y perros mayores. Este es uno de los beneficios de alimentar a tu perro con un alimento comercial. Todos los alimentos comerciales están regulados, y por lo tanto puedes estar seguro de que la comida que estás proporcionando a tu perro le permitirá obtener todos los nutrientes que necesita.

Encontrar un alimento para perros que se adapte a un Labrador no suele ser difícil, ya que los Labradores tienen un apetito voraz y comerán casi cualquier cosa. Por lo tanto, la palatabilidad no suele ser algo que necesites considerar. Sin embargo, los Labradores de trabajo activos, los Labradores mayores y los Labradores con problemas articulares, como se discute en el Capítulo 12, requerirán nutrientes adicionales en su dieta para ayudar a proteger sus articulaciones. Estos incluyen omega-3, omega-6, glucosamina y condroitina, y se discuten más adelante en este capítulo.

Alimento Comercial

El alimento comercial puede presentarse en diversas formas, como alimentos húmedos enlatados, alimentos tipo estofado y croquetas secas. El mejor tipo para tu perro es el alimento seco, ya que ayuda a mantener los dientes limpios. Cuando tu Labrador muerde las croquetas, estas proporcionan una abrasión que elimina parte del sarro que se acumula en los dientes. Esto ayuda a reducir las posibilidades de enfermedad dental en el futuro.

Sin embargo, no todos los alimentos secos son de buena calidad. Algunos fabricantes de alimentos secos más económicos incluirán muchos ingredientes de relleno, que pueden hacer que tu Labrador se sienta hinchado y lleno. También puede interferir con el entrenamiento de hacer sus necesidades de tu cachorro Labrador, ya que después de comer su cena, el alimento se hinchará y le hará sentir como si necesitara ir al baño en medio de la noche. Una buena manera de evaluar la calidad del alimento seco es añadir una taza de agua a una taza de alimento seco y dejar reposar durante la noche. Debería hincharse ligeramente pero no excesivamente.

Cuando te enfrentes a todas las opciones de alimentos comerciales en las tiendas, puedes sentirte abrumado. La mayoría de las tiendas de mascotas y consultorios veterinarios cuentan con asistentes capacitados en nutrición canina que podrán ayudarte a elegir un alimento adecuado para tu Labrador. Debes recordar que no existe una elección "perfecta", y lo más importante es encontrar un alimento que se adapte a tu Labrador. Puedes hacerlo decidiendo primero en qué etapa de vida se encuentra tu Labrador (por ejemplo, cachorro, adulto joven, adulto, adulto mayor) y si tiene algún requisito adicional (por ejemplo, condiciones de salud, muy enérgico, perro de trabajo). Una vez que hayas reducido tu elección, selecciona algunos productos basándote en sus ingredientes, discutidos más adelante en este capítulo, y revisa las opiniones de los clientes. Esto a menudo proporciona una buena idea de si a los perros de otras personas les gusta el alimento y les va bien con él.

Etiquetas de Alimentos para Mascotas

"No recomiendo dietas sin granos, ya que hay nueva información que vincula esas dietas con una alta incidencia de enfermedades cardíacas. Además, algunos Labradores tienen problemas con el almacenamiento de cobre, por lo que se recomienda una croqueta baja en cobre".

Tiffany Ginkel
Cedar Ranch Labrador Retrievers

Las etiquetas de alimentos para mascotas pueden decirte mucho sobre el contenido del alimento. Sin embargo, si no sabes qué buscar o cómo comparar una etiqueta de un tipo de alimento con otro tipo de alimento (por ejemplo, etiquetas de croquetas secas con etiquetas de alimentos enlatados), pueden parecer desalentadoras y bastante inútiles.

La primera parte de una etiqueta de alimento para mascotas que debes observar son los ingredientes. La lista de ingredientes se compila en orden de peso. Por lo tanto, el ingrediente principal es lo que el producto contiene en mayor cantidad. Idealmente, el ingrediente principal debería ser una proteína de origen animal, como pollo o carne de res. También se utilizan proteínas más específicas, y estas tienen muchos beneficios para diferentes condiciones. Por ejemplo, el pavo, el pato o el venado son excelentes para perros con alergias, el pescado es excelente para la salud de la piel y las articulaciones, y el cordero es ideal para perros quisquillosos que necesitan algo muy apetitoso. La harina, por ejemplo, la harina de pollo, es proteína de carne deshidratada, lo que significa que su peso natural es al menos un 300% más que el peso del ingrediente, y por lo tanto está bien si este tipo de proteínas aparecen más abajo en la lista de ingredientes. Nunca debes comprar un alimento para perros que etiquete el contenido de carne como "proteína de origen animal", ya que esto significa que es de menor calidad, y el tipo de proteína variará de un lote a otro dependiendo de lo que esté disponible como recortes.

Foto cortesía de
Brittany Pescara
Black Swamp Labradors

Los granos y los ingredientes con almidón probablemente constituyan la mayor parte del resto de la dieta. Ejemplos incluyen arroz, maíz, avena, patata y batata. Algunos alimentos se enorgullecen de no contener granos, lo que ayuda a los perros con tractos digestivos sensibles o alergias cutáneas. Sin embargo, estas dietas a menudo son bajas en taurina, un aminoácido esencial, cuya deficiencia puede desencadenar problemas cardíacos como la miocardiopatía dilatada. Por lo tanto, si eliges una dieta sin granos, investiga si se ha añadido taurina adicional. Si eliges una dieta con granos, los granos integrales como el arroz integral, la avena y la cebada son más saludables y proporcionan más fibra que el arroz blanco y el maíz.

Las verduras y posiblemente frutas, como calabaza, guisantes, zanahorias, arándanos, arándanos rojos, pulpa de remolacha, orujo de tomate y alfalfa, son ingredientes populares que constituyen la mayor parte del resto de la receta. Estos proporcionan minerales esenciales, vitaminas y fibra, que las proteínas y los carbohidratos pueden no haber proporcionado por sí solos. En el mismo punto de la lista de ingredientes que las verduras, pueden aparecer aceites adicionales, que ayudan a proporcionar un contenido adecuado de grasas saludables que incluyen omega-3 y omega-6. Los aceites populares incluyen aceite de girasol, aceite de pescado, aceite de cáñamo y aceite de semillas (como linaza).

Al final de la lista de ingredientes, puede haber varios ingredientes que suenan relativamente químicos. Estos ingredientes son simplemente minerales y vitaminas para equilibrar la dieta, así como cualquier suplemen-

to adicional que la empresa de alimentos pueda decidir incluir, como pre y probióticos, glucosamina y condroitina.

Algunos fabricantes de alimentos para mascotas pueden añadir colorantes a su producto. No hay beneficio para el perro en la adición de colores artificiales, y de hecho, algunos aditivos innecesarios pueden causar problemas de salud, por lo que deben evitarse.

Después de revisar la lista de ingredientes y decidir que estás satisfecho con que los ingredientes parecen de origen confiable e incluyen una variedad de carnes, aceites, carbohidratos y verduras, entonces debes mirar el análisis garantizado. Este detalla el porcentaje de carbohidratos, proteínas, grasas, fibra, ceniza y humedad en la dieta. Estos detalles son por gramo de alimento listo para comer, y por lo tanto no se pueden comparar directamente sin hacer primero algunos cálculos.

Por ejemplo, si un alimento húmedo es 75% húmedo, significa que el contenido seco es del 25%. Si el nivel de proteína es entonces del 5%, esto se puede convertir dividiendo por el porcentaje de materia seca: $5/0,25 = 20\%$ de proteína en base a materia seca. Luego, si un alimento seco similar, que quisieras comparar, tuviera un contenido de humedad del 10% y un contenido seco del 90%, con un nivel de proteína del 20%, el cálculo sería el siguiente: $20/0,9 = 22,2\%$ de proteína en base a materia seca.

Una vez que hayas convertido tu análisis garantizado en cifras que se pueden comparar, debes elegir un alimento que sea alto en proteínas. Idealmente, esto debería ser superior al 25% en base a materia seca, pero cuanto más alto, mejor. El contenido de grasa debe estar entre el 8-12% en base a materia seca, o incluso más bajo si tu Labrador necesita perder algo de peso, y si estás preocupado por los niveles constantes de hambre de tu Labrador, un contenido de fibra superior al 3% le ayudará a sentirse más lleno durante más tiempo.

Dietas BARF y Caseras

Si has investigado sobre dietas para perros, o has comprado tu Labrador a un criador particularmente tradicional, es probable que hayas encontrado el concepto de dietas BARF o caseras. BARF es un acrónimo que se utiliza para describir "huesos y alimentos crudos" o "alimentos crudos biológicamente apropiados". La diferencia entre las dietas BARF y las dietas caseras es simplemente si el alimento está cocinado o no.

Las dietas BARF y caseras han tomado el mundo por asalto. Algunos creen que los alimentos comerciales se someten a demasiado procesamiento para ser saludables, y por lo tanto, una dieta hecha de productos frescos de origen local será más nutritiva. También promueve la creencia de que los ancestros de los perros eran principalmente carnívoros, y por lo tanto, nuestros perros domesticados deberían seguir esta misma dieta. Sin embargo, no tiene en cuenta que los perros domésticos de hoy son muy diferentes de sus ancestros lobos, y eso incluye su sistema digestivo.

Si bien ciertamente hay muchos beneficios de una dieta casera o BARF, incluyendo saber de dónde provienen los ingredientes, saber que son orgánicos y libres de químicos, y saber que se ha utilizado un procesamiento mínimo para hacer el alimento, también hay varios inconvenientes. El principal problema con las dietas BARF y caseras es la incapacidad de equilibrarlas adecuadamente. Es extremadamente difícil asegurar que haya la cantidad correcta de nutrientes, minerales y vitaminas en un alimento casero, lo que puede tener un impacto en la salud de tu Labrador. Los perros en crecimiento pueden desarrollar huesos frágiles, y los perros adultos pueden desarrollar cálculos en la vejiga y desnutrición. No es imposible equilibrar una dieta casera o BARF, pero debe hacerse con la ayuda de un nutricionista veterinario y probablemente requerirá la adición de suplementos minerales.

Otro problema con las dietas BARF en particular es la higiene. La carne cruda puede contener bacterias como salmonela y E. coli, que permanecen

en la boca de tu perro. Si bien el sistema digestivo de tu perro puede lidiar con estas bacterias, pueden enfermar a personas vulnerables en tu hogar, como ancianos o niños pequeños. Las bacterias se transmitirán al pelaje de tu perro cuando se acicale, y se recogerán fácilmente si alguien acaricia a tu Labrador. Por lo tanto, debe aplicarse una higiene estricta para todos los miembros del hogar, que incluye lavarse las manos regularmente, lavar los tazones de comida para perros con agua caliente y jabón después de las comidas, y desinfectar las superficies de preparación después de su uso.

Finalmente, las dietas BARF y caseras a veces contienen huesos. Si están crudos, estos huesos suelen ser flexibles y se disuelven relativamente fácilmente en el ácido estomacal. Sin embargo, no siempre es el caso. Por lo tanto, cualquier perro con una dieta que incluya huesos tiene un mayor riesgo de perforación o bloqueo gastrointestinal, ¡especialmente los Labradores, que rara vez mastican adecuadamente su comida!

Si bien las dietas BARF y caseras pueden ser excelentes opciones, es fácil cometer errores de equivocarse, y por lo tanto, si esta es una vía que te gustaría explorar con tu Labrador, es mejor buscar el consejo de un nutricionista veterinario para crear una dieta equilibrada para tu perro.

Control de Peso

Como raza, los Labradores tienen uno de los metabolismos más lentos, y por lo tanto son propensos a la obesidad. Vigilar el peso de tu perro es vital, ya que el exceso de peso ejerce presión sobre las articulaciones, el corazón y los órganos internos, reduciendo significativamente la esperanza de vida de tu Labrador y su capacidad para ejercitarse cómodamente.

No hay un peso "ideal" para un Labrador. Como se mencionó en el Capítulo 1, los machos suelen pesar entre 29 y 36 kg y las hembras entre 25 y 32 kg, pero hay una amplia variación genética. Por lo tanto, un Labrador podría estar bajo de peso con 32 kg y otro podría estar mórbidamente obeso. Una mejor manera de evaluar el peso de tu Labrador es mediante la puntuación regular de la condición corporal. Una puntuación ideal de condición corporal es de 4 a 5, y el rango va de 1 (emaciado) a 9 (obeso). Las puntuaciones están estandarizadas para que cualquiera las use, y son fáciles y repetibles de un perro a otro. Estas son las descripciones de las siguientes puntuaciones:

BCS 1 = Emaciado. Las costillas, las proyecciones vertebrales lumbares y las prominencias óseas alrededor de la pelvis son claramente visibles. Hay una pérdida severa de músculo y no hay grasa corporal.

BCS 3 = Bajo de peso. Las costillas se pueden sentir con facilidad y podrían ser visibles. No hay mucha grasa presente. El abdomen se recoge en el flanco y se puede ver una cintura desde arriba. Se pueden ver algunas proyecciones óseas. Fácil de ver la parte superior de las vértebras lumbares.

BCS 5 = Ideal. Grasa mínima sobre las costillas y se pueden sentir fácilmente. La cintura y las costillas son visibles cuando se está de pie sobre el perro. Abdomen recogido cuando se ve desde el lado.

BCS 7 = Sobrepeso. Grasa presente sobre las costillas y se necesita algo de presión para sentirlas. Depósitos de grasa sobre la grupa y alrededor de la base de la cola. No se puede ver fácilmente la cintura. El pliegue abdominal está presente pero es ligero.

BCS 9 = Obeso. Mucha grasa alrededor de la base de la cola, la columna vertebral y el pecho. El abdomen puede sobresalir detrás de las costillas. No hay cintura ni pliegue abdominal. Depósitos de grasa en el cuello y las extremidades.

Cada puntuación de condición corporal equivale al 10% del peso corporal. Así, por ejemplo, si la puntuación de condición corporal de tu perro es siete, necesita perder el 20% de su peso corporal para alcanzar una puntuación saludable de cinco. Esto puede utilizarse para calcular lo que debería pesar tu perro. Así, si tu perro pesa 34 kg y tiene un 20% de sobrepeso, en realidad debería pesar 27 kg. Esto se logra mejor alimentándolo con la cantidad correcta de comida requerida para su peso ideal, y no su peso actual, según lo indicado por la información en el envase del alimento. Sin embargo, perder peso es una maratón y no una carrera, ya que la pérdida rápida de peso también puede llevar a complicaciones, y por lo tanto, una reducción de peso durante aproximadamente seis meses es un plazo adecuado para aspirar. Recuerda, las golosinas también cuentan como calorías, y estas deben tenerse en cuenta al medir la cantidad diaria de alimento. Si crees que tu perro necesita perder peso, siempre es mejor hacerlo formulando un plan con tu veterinario y llevándolo a la clínica veterinaria para pesajes regulares.

Suplementos Alimenticios

Puedes considerar el uso de suplementos para tu Labrador; sin embargo, son innecesarios a menos que tu perro tenga un problema o tenga una mayor cantidad de tensión en su cuerpo, por ejemplo, como un perro muy activo.

Los suplementos alimenticios podrían incluir probióticos, suplementos para las articulaciones como glucosamina y condroitina, suplementos para la piel como aceites omega y biotina, y suplementos calmantes como L-triptófano. Algunos alimentos para perros ya tienen estos añadidos, así que verifica el alimento de tu Labrador antes de potencialmente darle una dosis doble.

Puedes comprar suplementos en tu veterinaria local, tienda de mascotas o en línea, y muchos de ellos son similares a las versiones humanas. Sin embargo, es importante no darle a tu Labrador un suplemento de salud humano, ya que los suplementos humanos pueden tener ingredientes adicionales para mejorar el sabor que pueden ser tóxicos para tu Labrador. Los suplementos generalmente vienen en forma de polvos, líquidos, golosinas o tabletas, todos los cuales son muy apetecibles para los perros.

Los suplementos son generalmente naturales y seguros, sin embargo, aún debes discutir la adición de un suplemento a la dieta de tu perro con tu veterinario, ya que ocasionalmente puede haber reacciones cruzadas con ciertos medicamentos. Sin embargo, en general, los suplementos pueden ser adiciones maravillosas para ayudar a mantener a tu Labrador en óptimas condiciones junto con una dieta equilibrada y nutritiva.

CAPÍTULO 9
Cuidado Dental

Importancia del Cuidado Dental

Si has tenido un Labrador Retriever durante algún tiempo, es posible que te haya acostumbrado a su olor canino. Sin embargo, por muy acostumbrado que estés al olor de su pelaje, sin duda notarás cuando tenga mal aliento. El mal aliento se denomina halitosis y es resultado de bacterias en la boca. Estas pueden estar en los dientes o en la saliva. El cuidado dental diario y rutinario es vital para evitar que estas bacterias causen una acumulación de placa y sarro, lo que puede provocar inflamación de las encías, conocida como gingivitis, y dientes flojos y deteriorados.

La enfermedad dental a menudo pasa desapercibida en los perros hasta que es demasiado tarde y ya está causando un dolor significativo a tu perro. Puede afectar silenciosamente el bienestar de tu perro, y debe prevenirse a toda costa. La mayoría de los dueños suponen que su perro no comerá si su boca está adolorida, pero en el caso de un Labrador, su voraz apetito hace que tiendan a comer independientemente de lo mal que es-

tén sus dientes. Por lo tanto, es importante revisar regularmente la boca de tu Labrador y proporcionar cuidado dental preventivo, para evitar trabajos dentales drásticos.

Anatomía Dental

Un diente es una estructura ósea compuesta por una corona sobre las encías y una raíz o raíces debajo de las encías. Hay 28 dientes deciduos (de cachorro) que aparecen en los primeros meses de vida. Estos se caen y son reemplazados por 42 dientes adultos entre los cuatro y ocho meses de edad. Esta es la razón por la que los cachorros tienden a masticar todo, porque el proceso de dentición puede ser irritante e incómodo.

Los dientes pequeños en la parte frontal de la boca se llaman incisivos. Estos habrían sido utilizados por los ancestros salvajes de los perros para roer la carne del hueso. Junto a los incisivos están los caninos largos, utilizados para agarrar a las presas en estado salvaje. Dentro de las mejillas del perro hay dientes más grandes y planos llamados premolares y molares. Estos se utilizan para triturar alimentos más duros.

La capa externa de un diente es el esmalte, que es una capa protectora. Dentro del centro del diente está la pulpa, que es una sección carnosa compuesta de nervios y vasos sanguíneos. Esta suministra al diente todos los

105

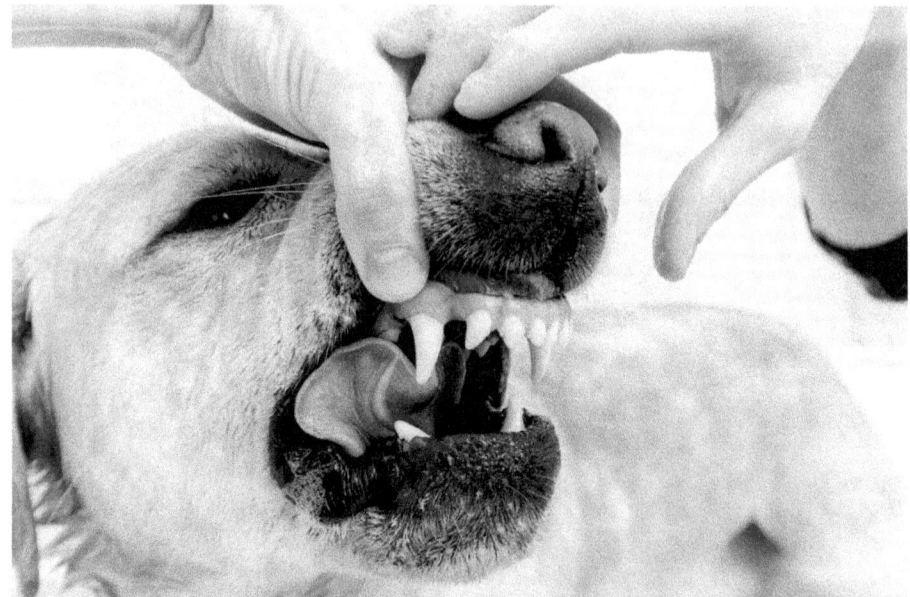

nutrientes necesarios para sobrevivir, y si queda expuesta, puede causar un dolor considerable. Alrededor de la raíz del diente está el alvéolo dental. Esta es una depresión en la mandíbula donde se asienta el diente. Sujetando el diente en el alvéolo hay una estructura resistente llamada ligamento periodontal. La enfermedad dental debilita este ligamento, lo que hace que el diente se vuelva inestable y eventualmente se caiga.

Acumulación de Sarro y Gingivitis

El sarro es una mezcla de restos de comida y bacterias que se acumula en la base de la corona. El cuerpo reacciona a las bacterias enviando células inflamatorias al área para combatirlas, pero esto solo causa que las encías se inflamen y duelan. Sin eliminar el sarro, la inflamación, conocida como gingivitis, empeora cada vez más.

Prevenir la acumulación de sarro mediante el cuidado dental y el cepillado de dientes ayudará a prevenir la gingivitis. Si el problema se ha vuelto grave, o el sarro se ha mineralizado (conocido como cálculo), es imposible eliminarlo sin un procedimiento dental, que se analiza más adelante en el capítulo.

Épulis

Los Labradores son propensos a desarrollar un tumor benigno de la boca conocido como épulis. El tumor es un sobrecrecimiento del tejido de la encía, generalmente desencadenado por una inflamación crónica. Hay tres tipos diferentes de épulis:

1. Osificante – un tumor que contiene una mezcla de células óseas y de encía.

2. Fibromatoso – un tumor hecho de fibras resistentes.

3. Acantomatoso – un tipo destructivo de tumor, que destruirá el tejido circundante, incluidos los huesos.

Aunque los épulis no son técnicamente cancerosos y no se propagarán por el cuerpo, pueden causar problemas locales como sangrado, molestias y retención de alimentos, lo que lleva a infecciones o abscesos. Si están causando problemas, deben ser extirpados quirúrgicamente; sin embargo, es posible que vuelvan a crecer después si no pueden ser completamente extirpados.

Cuidado Dental

El cuidado dental debe comenzar cuando tu perro es un cachorro. Si solo comienzas una vez que hay enfermedad dental, es imposible deshacer el daño ya causado. Cepillar los dientes no es algo que muchos perros tolerarán si se introduce a una edad avanzada, por lo que enseñar a tu cachorro de Labrador que el cuidado dental es una experiencia divertida y positiva desde una edad temprana dará sus frutos más adelante en la vida.

El pilar del cuidado dental es el cepillado de dientes. Esto ayuda a eliminar la acumulación de sarro si se realiza regularmente. Debes cepillar los dientes de tu perro diariamente si es posible, o al menos tres veces por semana para que sea efectivo. Se puede usar un cepillo de dientes normal o infantil, sin embargo, podría resultarte más fácil usar un cepillo de dedo, que es un artículo similar a un dedal de plástico con cerdas que se inserta sobre tu dedo, o un cepillo de dientes para perros en ángulo para ayudar a llegar a la parte posterior de la boca. Nunca debes usar pasta de dientes para humanos, ya que es tóxica para los perros. La pasta de dientes para perros está disponible en muchas tiendas de mascotas, veterinarios y en línea, y está formulada con enzimas para descomponer el sarro, matar bacterias y refrescar el aliento.

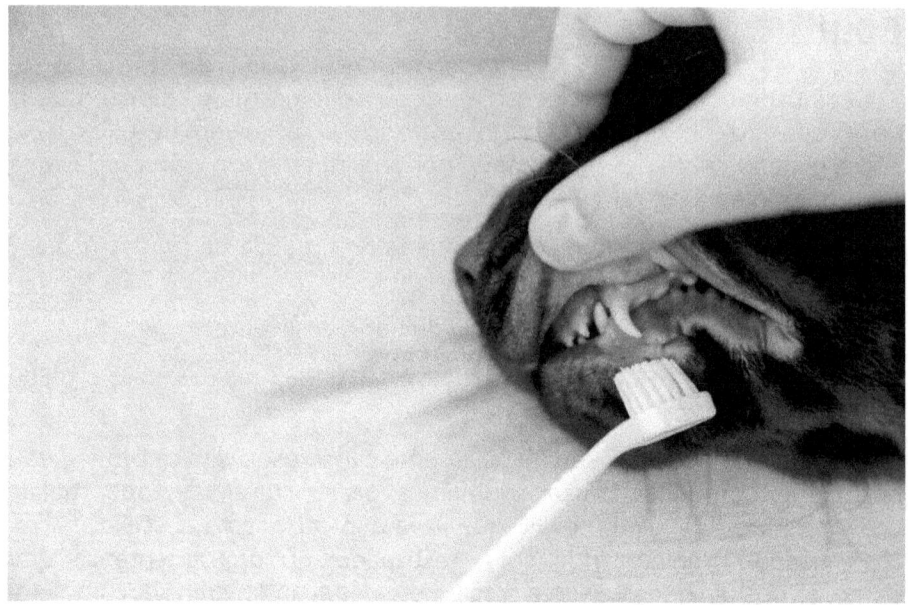

Al cepillar los dientes, es fácil pasar por alto los molares en la parte posterior, así que asegúrate de tirar hacia atrás de las grandes quijadas de tu Labrador para alcanzarlos. Cuando termines con el cepillado, dale muchas caricias y recompensas para que sea una experiencia positiva para él.

El cepillado dental puede complementarse con el uso de masticables dentales. No son un reemplazo del cepillado, pero pueden ser útiles para asegurarte de que los dientes estén limpios entre cepillados, ¡siempre y cuando tu Labrador realmente los mastique y no los trague a la velocidad del rayo con un mínimo de masticación! El concepto detrás de los masticables dentales es que están diseñados para causar fricción, abrasión o succión en el diente, de modo que el sarro que aún no se ha adherido demasiado se desprenda. No olvides que las golosinas contienen calorías, y todos los dueños de Labradores deben vigilar la cintura de su perro, así que recuerda eliminar el número equivalente de calorías de la comida normal de tu perro.

Otra opción para mantener los dientes limpios es el enjuague dental canino. Este puede añadirse al agua potable y funciona de manera similar a la pasta de dientes, ya que tiene enzimas que ayudan a disolver el sarro. También ayudará a refrescar el aliento. Sin embargo, si el sarro ya se ha acumulado durante un tiempo, no hará ninguna diferencia. Al igual que con la pasta de dientes, siempre debes usar enjuague bucal formulado específicamente para perros. El enjuague bucal humano es tóxico para los perros y puede causar graves consecuencias.

Puedes utilizar una variedad de productos de cuidado dental para cuidar los dientes de tu Labrador, sin embargo, la forma más efectiva de manejar los dientes de tu perro es alimentándolo con comida seca. Las croquetas secas para perros, al igual que los masticables dentales, ayudan a eliminar el sarro mientras tu perro las mastica. El tamaño de las croquetas debe ser lo más grande posible para un perro de tamaño mediano-grande, o mejor aún, debe ser un alimento dental especializado. Este alimento consiste en croquetas de gran tamaño que crean una ligera succión cuando los dientes las mastican, lo que resulta en una mayor eliminación de sarro.

Procedimientos Dentales

Si tu perro tiene enfermedad dental, o acumulación de sarro que no mejora con un cuidado dental diligente, puedes necesitar un procedimiento dental. Este es un procedimiento que tu veterinario realizará por ti, y después, los dientes de tu Labrador lucirán como si fuera un cachorro nuevamente.

Un procedimiento dental, que puede realizarse en tu clínica veterinaria local, requiere anestesia general; sin embargo, tu Labrador solo necesitará estar en la clínica veterinaria durante el día, y estará listo para irse a

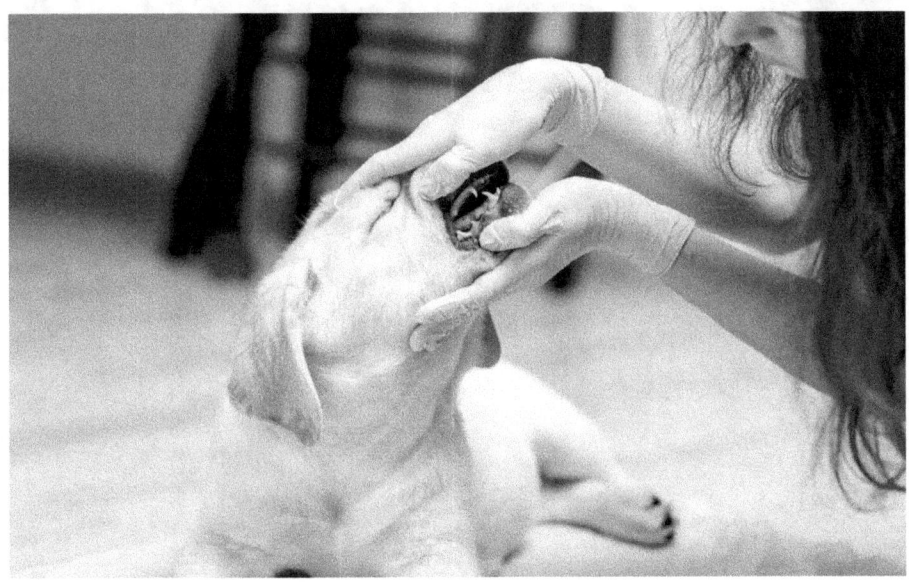

casa por la tarde una vez que haya despertado. El procedimiento comenzará eliminando todo el sarro de los dientes para disminuir la carga bacteriana en la boca. Después de eso, el veterinario sondeará alrededor de cada diente para investigar si alguno necesita ser extraído. Si es así, aflojará el ligamento periodontal con una herramienta especial llamada elevador para poder extraer el diente. Si el alvéolo es grande, tu veterinario podría optar por suturarlo para evitar que los alimentos se acumulen en él. Después de esto, los dientes restantes serán pulidos y la boca será enjuagada.

Es probable que tu Labrador regrese a casa con antibióticos y analgésicos si le han extraído dientes, y puede sentirse un poco indispuesto durante la noche; sin embargo, debería sentirse bien de vuelta a la mañana siguiente.

Aunque pueda parecer invasivo programar a tu perro para un procedimiento dental, ¡se sentirá mucho mejor después, con una boca sin dolor, y tú disfrutarás de tener un Labrador con aliento fresco!

CAPÍTULO 10
Acicalamiento

El acicalamiento de un Labrador no debería ser una tarea difícil si has entrenado a tu Labrador para que acepte ser acicalado desde cachorro. Es importante que los Labradores aprendan a tolerar todos los aspectos del acicalamiento, incluyendo el baño, el cepillado y la limpieza de oídos, ya que debido a su atracción natural por nadar, pueden necesitar un baño o limpieza de oídos con más frecuencia que el perro promedio. Además, los Labradores mudan pelo de forma moderada a intensa, especialmente dos veces al año, por lo que acicalar a tu perro ayudará a reducir la cantidad de pelo en tu casa.

Foto cortesía de Tom Powell

Sobre el Pelaje

«Mudan aproximadamente cuatro veces al año, cuando pierden gran parte de su subpelo. Pero también pierden algo de pelo diariamente. Cepillarlos semanalmente ayudará a reducir la acumulación de pelo. Mi mejor consejo: ¡elije un Labrador cuyo color de pelaje combine con tu hogar y tu ropa!»

Jennifer Robinson
Chestnut's Labs2Love

Como se mencionó en el Capítulo 1, los Labradores tienen un pelaje doble, denso y repelente al agua que muda intensamente dos veces al año, en primavera y otoño. Este pelaje se desarrolló para que cuando los Labradores originales trabajaban en las gélidas aguas canadienses, estuvieran protegidos del frío del agua. Eran preferidos sobre los Retrievers de pelo largo, ya que el hielo podía incrustarse en el pelaje de estos últimos, lo que resultaba en que tardaran más tiempo en calentarse.

Un 'pelaje doble' significa que hay dos capas de pelo. La 'capa de protección' o 'capa superior' tiene una textura más áspera, y la 'capa inferior' o 'subpelo' es más suave y clara, con secreciones naturales de aceite repelente al agua. Combinadas, hacen que sea muy difícil que el agua entre en contacto directo con la piel, y sirven como un excelente aislante.

Afortunadamente, aunque el pelaje es denso, es relativamente corto y liso, y por lo tanto no es difícil de cuidar. Los perros de pelaje doble nunca deben ser afeitados, lo que significa que probablemente no necesitarás llevar a tu Labrador a la peluquería canina para su mantenimiento.

Salud del Pelaje

«Los Labradores Retriever generalmente requieren muy poco mantenimiento de su pelaje. Un buen cepillo para comprar es el 'Furminator' y un buen champú para tener a mano es 'Curaseb' en caso de puntos calientes en verano o problemas bacterianos/por levaduras que se desarrollen en el pelaje».

Lori Lutz
Bowery Run Labradors

Mantener saludable el pelaje de tu Labrador requerirá cepillados frecuentes y baños ocasionales.

Deberías acicalar a tu Labrador con la mayor frecuencia posible, ya que no solo ayudará a eliminar los pelos sueltos y por lo tanto reducir la muda, sino que mejorará la circulación de la piel para ayudar a la salud y brillo del pelaje, y el acicalamiento regular te ayudará a detectar problemas tempranamente. También mejorará tu vínculo con tu perro. Si puedes cepillar a tu perro diariamente, esto es excelente, sin embargo, una o dos veces por semana es suficiente.

Solo necesitas algunos tipos de cepillos para cepillar a tu Labrador:

- Un cepillo de púas, con cerdas metálicas largas

- Un cepillo de cerdas, con cerdas suaves densamente agrupadas

- Extras opcionales: un cepillo slicker (similar a un cepillo de púas con cerdas metálicas más cortas) y un peine tipo galgo (un peine metálico para pelo más largo)

Comienza usando un cepillo de púas y cepilla en la dirección del pelo con movimientos largos. Una vez que hayas preparado a tu Labrador con esto, puedes usar el cepillo para cepillar con movimientos más cortos y enérgicos, en direcciones distintas al flujo natural del pelaje. Esto ayuda a separar el pelaje y cepillar un poco más profundo hacia la piel. Finalmente, puedes terminar el cepillado con un cepillo de cerdas suaves para relajar a tu Labrador y fomentar la distribución de los aceites naturales por todo el pelaje.

El cepillado puede ser precedido por un baño a tu Labrador. Sin embargo, bañarlo con demasiada frecuencia con champú eliminará los aceites naturales del pelaje, reduciendo el brillo y la capacidad de proporcionar una capa impermeable. No obstante, los Labradores son un imán para el agua y el barro, por lo que es posible que tu Lab necesite un baño con relativa frecuencia. Para evitar eliminar los aceites del pelaje, puedes usar agua tibia para enjuagar la suciedad del pelaje, y usar champú solo cuando tu perro comience a oler, lo que idealmente no debería ser más frecuente que una vez al mes.

Los baños se realizan mejor dentro de la bañera, pero en un día cálido, puedes usar suavemente la manguera exterior en tu Labrador. Debes usar agua tibia, idealmente de una ducha de mano desmontable; sin embargo, si no tienes esta opción, puedes usar una taza o una jarra para verter el agua.

Existen muchos champús en el mercado que pueden usarse en perros. Debes tratar de elegir un champú para perros que sea suave con la piel y diseñado para no resecarla. El champú de avena es una opción popular por esta razón. Sin embargo, tu veterinario o el asistente de la tienda de mascotas podrán darte consejos sobre los productos disponibles para la venta.

Al bañar a tu perro, hay lugares que se pasan por alto fácilmente, como entre las almohadillas debajo de las patas, y la limpieza alrededor de los ojos y la cara. Podría ser más fácil tratar estas áreas con toallitas de aseo en lugar de lavarlas.

Corte de Uñas

El corte de uñas es realmente importante si no paseas regularmente a tu perro sobre superficies duras. Esto se debe a que no tendrás una forma de limar naturalmente sus uñas, y por lo tanto podrían crecer excesivamente y encarnarse en las patas, resultando en un dolor extremo.

Las uñas están hechas de queratina, y si se cortan correctamente, el proceso de corte no causa ningún dolor. Sin embargo, el centro de la uña se llama pulpa, y está lleno de vasos sanguíneos y nervios. Si se corta accidentalmente, puede sangrar profusamente y ser muy doloroso. Es importante enseñar a tu Labrador a quedarse quieto al cortar las uñas, para reducir las posibilidades de que esto suceda. Comienza cuando tu Labra-

dor sea un cachorro, tocando regularmente sus patas, levantándolas y tocando sus uñas. Esto lo acostumbrará al proceso antes de cortar las uñas por primera vez.

Para cortar las uñas de tu Labrador, querrás comprar un cortaúñas grande en tu tienda de mascotas local. Necesitarás uno grande porque un Labrador adulto tiene uñas gruesas y resistentes. Cuando cortes las uñas de tu perro, comienza cortando solo una pequeña cantidad para evitar cortar la pulpa. Podrías tener suerte y tener un Labrador con uñas claras, por lo que puedes ver la pulpa, pero la mayoría de los Labradores tendrán uñas negras, lo que hace que sea muy difícil. A veces, si volteas la pata hacia arriba, puedes ver hasta dónde se extiende la pulpa, pero este no es el caso para todos los perros. Por lo tanto, si no te sientes seguro al cortar las uñas de tu Labrador, puedes pedirle ayuda a tu veterinario, enfermero veterinario o peluquero canino local.

Si accidentalmente cortas la pulpa, lo importante es no entrar en pánico. Coloca algo de presión en la pata sangrante con un trozo de algodón, o si tienes un lápiz de coagulación de nitrato de plata (también disponible en tu tienda de mascotas local o en línea), puedes sostenerlo en el área que está sangrando durante unos segundos para detener el flujo de sangre.

Algunos perros que tienen fobia a los cortaúñas pueden tolerar una lima de uñas o un Dremel. Esta es una herramienta recargable que lima la uña en lugar de cortarla.

Limpieza de Oídos

«Dado que los Labradores Retriever tienen orejas caídas (orejas que se doblan sobre el canal auditivo), es importante revisar si hay residuos y usar un limpiador de oídos de alta calidad si se detecta algún olor».

Lori Lutz
Bowery Run Labradors

Los Labradores son propensos a infecciones de oído debido a la conformación de sus orejas. Como el pabellón (solapa) de la oreja se dobla sobre la abertura del oído, crea un ambiente húmedo ideal para el crecimiento de bacterias y levaduras. Además de esto, mojarse repetidamente al nadar, particularmente en agua sucia, proporciona un ambiente perfecto para las infecciones.

Sin embargo, si limpias las orejas de tu perro regularmente, tendrá muchas más posibilidades de mantenerse libre de infecciones, ya que el objetivo de los limpiadores de oídos no es solo limpiar el oído disolviendo la cera

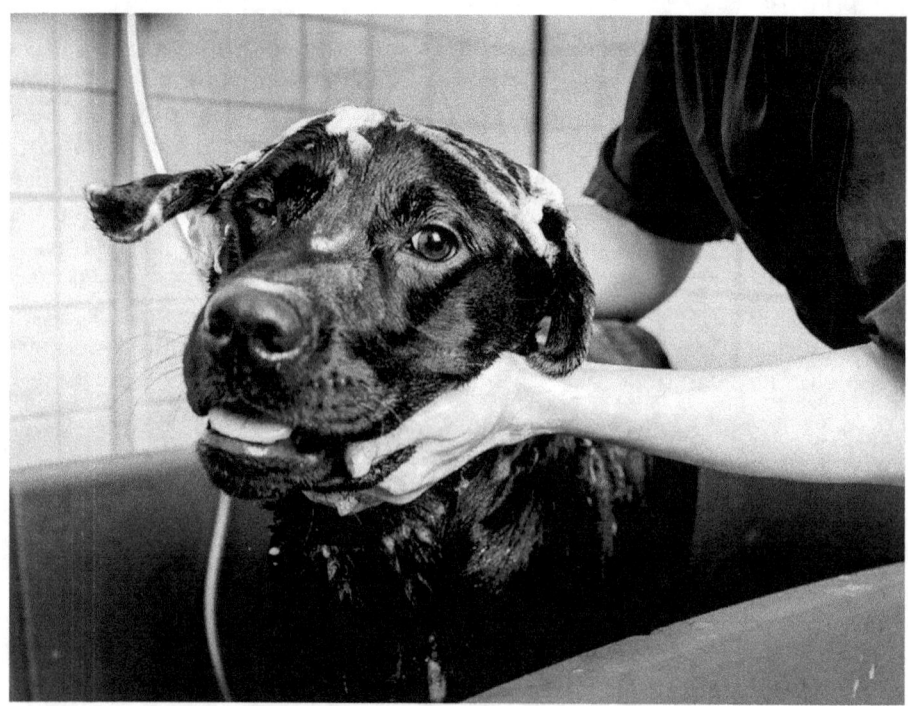

y eliminando la suciedad, sino que también cambian el ambiente dentro del oído a uno que no es favorable para bacterias y levaduras. Puedes limpiar las orejas de tu Labrador después de que haya estado nadando, o simplemente de forma rutinaria una vez al mes si no tiene problemas, o una vez cada una o dos semanas si tiene infecciones recurrentes. El limpiador de oídos se puede comprar en una tienda de mascotas, en línea o en una clínica veterinaria, pero los mejores son los aprobados por veterinarios, por lo que vale la pena preguntar cuál recomienda tu veterinario.

Comienza levantando la solapa de la oreja de tu perro, luego coloca la boquilla en el canal auditivo y da un chorrito. Cuando hayas puesto una cantidad suficiente, vuelve a colocar la solapa de la oreja hacia abajo y masajea toda el área durante 20-30 segundos. Es probable que tu perro sacuda la cabeza cuando lo sueltes, pero esto es bueno, ya que trae toda la cera aflojada y la suciedad a la superficie. Puedes limpiar esto con un poco de algodón. Luego repite con la otra oreja.

Glándulas Anales

La mayoría de los peluqueros caninos vaciarán las glándulas anales de tu perro por ti. Sin embargo, es posible que no envíes a tu Labrador al peluquero para visitas regulares, y por lo tanto, revisarlas y vaciarlas tú mismo, o por tu veterinario, será necesario ocasionalmente. Las glándulas anales se encuentran en las posiciones de las cuatro y las ocho en punto en el interior del ano. Son sacos redundantes que pueden llenarse fácilmente de material fecal si las heces de tu Lab son más blandas de lo habitual. Una dieta de calidad generalmente asegurará que las heces sean normales, pero si encuentras que tiene dificultades, los suplementos de fibra en la dieta pueden ayudar a endurecer las heces para proporcionar más estimulación a medida que pasan.

Cuando los sacos anales se llenan, deberán ser vaciados por un veterinario, enfermero veterinario o peluquero, para asegurar que no se infecten. Es fácil saber si están llenos porque tu Labrador definitivamente te lo hará saber. Frotará su trasero contra el suelo, conocido como deslizamiento, para tratar de aliviar la incomodidad de los sacos llenos. También es probable que lama el área. Si te pierdes esas pistas, ¡ciertamente no pasará por alto el repugnante olor a pescado que las glándulas anales llenas traen a tu casa!

Si tu perro tiene problemas recurrentes con sus glándulas anales, estas pueden ser extirpadas, sin embargo, puede ser un procedimiento arriesgado ya que los nervios del esfínter anal corren justo detrás de ellas. Si se dañan, el esfínter anal puede volverse permeable, lo que es anti-higiénico para tu perro y la casa. Antes de la cirugía, tu veterinario puede intentar el vaciado rutinario de las glándulas cada dos semanas, o lavarlas bajo anestesia.

***

Mantener a tu Labrador bien acicalado no es demasiado desafiante en comparación con las razas de perros de pelo largo, pero no debes des-cuidarte. Tu Labrador prosperará con la atención adicional, y no solo mejo-rará su salud, sino que también mejorará tu vínculo.

CAPÍTULO 11
Medicina Veterinaria Preventiva

"El entorno juega un papel en la longevidad de nuestros perros tanto como la genética. La obesidad puede causar displasia de cadera en un perro proveniente de un apareamiento genéticamente sano, y el cáncer puede ser causado por la dieta y la exposición a productos químicos para césped en una línea genéticamente fuerte. La genética es solo el 50% de la ecuación, que puede reducirse al comprar a un criador que realiza pruebas de salud a su pareja reproductora y puede rastrearla varias generaciones atrás en ambos lados de los padres. El otro 50% es gestionado por el dueño que proporciona una dieta adecuada, ejercicio y exposición al mundo exterior".

Lori Lutz
Bowery Run Labradors

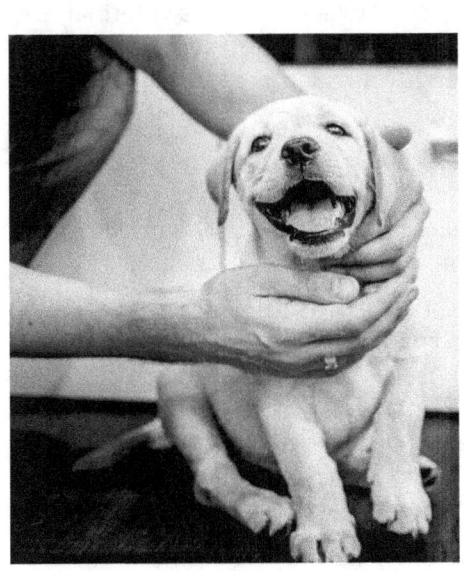

Naturalmente, tu principal preocupación sobre tu Labrador es mantenerlo saludable. Tu veterinario puede ayudarte con esto, y no solo está disponible para tratar problemas de salud, sino también para ayudar a prevenirlos. Después de todo, es mejor prevenir que curar. Con la larga lista de posibles problemas de salud del Labrador, como se analiza más detalladamente en el Capítulo 12, vale la pena elegir un veterinario en quien confíe plenamente y que pueda conocer a tu Labrador como si fuera propio. De esta manera, podrá ayudarte a prevenir problemas potenciales y mantener a tu Labrador saludable.

Cómo elegir un veterinario

Hay muchos aspectos que deberás considerar al elegir un veterinario. Es en el mejor interés de tu Labrador que tú se mantengas con un solo veterinario o clínica veterinaria, para asegurarte de que el veterinario esté al día sobre la salud de tu Labrador. Además, si necesitas hacer una reclamación al seguro de mascotas (que se analiza más adelante en este capítulo), es más sencillo si el historial clínico completo de tu perro se mantiene en una sola clínica. Por lo tanto, encontrar un veterinario en quien sientas que puedes confiar durante toda la vida de tu perro no debe tomarse a la ligera.

La primera consideración es la experiencia del veterinario. Algunos veterinarios han estado ejerciendo durante décadas, mientras que otros son nuevos en la carrera. Algunos habrán realizado estudios de posgrado, y algunas clínicas incluso pueden ofrecer veterinarios con servicios especializados, como cardiología, oftalmología y formación ortopédica. Este es un beneficio excelente, ya que significa que si tu Labrador tiene un problema, no necesitas viajar largas distancias a un hospital de referencia. No deberías desanimarte si tu posible veterinario está relativamente recién calificado. Lo que puedan carecer en experiencia estará respaldado por personal senior para segundas opiniones, y a menudo los veterinarios más jóvenes están más actualizados con los cambios recientes en medicina veterinaria, en comparación con los veterinarios mayores que podrían tener más experiencia práctica, pero están atrasados en nuevos desarrollos.

La siguiente consideración es la distancia desde tu casa. Si tu Labrador alguna vez necesita atención médica en caso de emergencia, cada minuto podría significar la vida o la muerte para él. Si bien no necesariamente tienes que elegir la clínica veterinaria más cercana a ti, es una buena idea poder viajar a tu veterinario en menos de 20 minutos si es necesario.

Otra consideración importante es si los "extras" son importantes para ti. Algunas clínicas veterinarias ofrecen servicios adicionales, como peluquería, hospedaje, clases de adiestramiento, clases de socialización para cachorros, clínicas de control de peso, clínicas para diabéticos y consultas con enfermeras veterinarias. No es esencial tener acceso a todos estos servicios en tu clínica veterinaria local; sin embargo, tenerlos todos en un mismo lugar ayudará a que tu Labrador sienta que va a un lugar familiar cada vez.

Los servicios de emergencia también son un aspecto importante sobre el que preguntar. No todas las clínicas veterinarias ofrecen un servicio de emergencia fuera de horario, y ahora es común que un veterinario envíe a los pacientes fuera de horario a un servicio de emergencia dedicado. Esto tiene sus beneficios, ya que los veterinarios que trabajan en el servicio de emergencia están capacitados específicamente en atención de emergencia y cuidados críticos, por lo que puedes estar seguro de que tu Labrador está recibiendo el mejor tratamiento. Sin embargo, el inconveniente es que a menudo es más costoso y requiere llevar a tu perro de vuelta a tu veterinario normal para hospitalización durante el día si es necesario.

Finalmente, en la mente de la mayoría de las personas está el aspecto financiero. En realidad, la mayoría de las clínicas veterinarias son relativamente competitivas en precios, por lo que no debería haber una gran variación en el costo. Sin embargo, algunas clínicas podrían ofrecer programas

Foto cortesía de Alli Wright

de fidelización o planes para mascotas saludables que te permiten obtener un descuento en procedimientos rutinarios como la esterilización, las vacunas, el tratamiento antiparasitario y el microchip. Vale la pena inscribirse en estos programas, ya que no solo te ayudan a ahorrar dinero, sino que también te recordarán mantenerte al día con el tratamiento preventivo.

Vacunaciones

Las vacunas deben formar una parte importante de las medidas de salud preventiva de tu Labrador. Hay muchas enfermedades mortales en el mundo que pueden prevenirse fácilmente mediante vacunas.

Debes comenzar las vacunas de tu cachorro Labrador a las 8 semanas de edad, y si el criador solo entrega a tu cachorro después de esto, deberían haberle administrado su primera vacuna cuando lo recojas. Un ciclo de vacunación para cachorros puede requerir dos o tres vacunas, cada dos a cuatro semanas, dependiendo de la marca de la vacuna y el riesgo de enfermedad en tu área geográfica.

Después de las vacunas primarias de tu cachorro, debe recibir un refuerzo al año de edad, y luego anualmente después de eso. Algunas personas optan por realizar un análisis de sangre para verificar los niveles de inmunidad, y luego vacunar solo cuando los niveles de inmunidad disminuyen. Sin embargo, esto no es necesario ya que las vacunas son extremadamente seguras y los efectos adversos ocurren muy raramente.

Las vacunas se dividen en dos categorías: vacunas esenciales y no esenciales. Las vacunas esenciales varían según la prevalencia de enfermedades en tu área geográfica, pero las enfermedades comunes contra las que se vacuna incluyen parvovirus, moquillo, hepatitis (adenovirus canino), leptospirosis, parainfluenza, Bordetella y rabia.

El parvovirus es una enfermedad que afecta principalmente a los cachorros, aunque los perros de cualquier edad pueden contraerla. Es un virus mortal que causa sangrado en el intestino y diarrea. Algunos perros también pueden vomitar. Esto conduce a una deshidratación rápida. Se contrae principalmente a través de la transmisión fecal-oral o compartiendo recipientes de comida y agua.

La hepatitis, también conocida como adenovirus canino, es una enfermedad que afecta al hígado. La inflamación en el hígado puede causar fiebre, vómitos, letargo, diarrea, ictericia, ganglios linfáticos agrandados y eventualmente conduce a la muerte.

El moquillo es un virus que afecta a muchos sistemas corporales diferentes. Inicialmente causa vómitos, estornudos y tos, así como almohadillas engrosadas en las patas y la punta de la nariz. Una vez que el virus se ha propagado al cerebro, causa convulsiones.

La leptospirosis es una enfermedad que tiene varias variantes diferentes, conocidas como serotipos. Algunos veterinarios vacunan contra los dos más comunes, algunos vacunan contra cuatro. Puede causar síntomas similares a la hepatitis, como vómitos, diarrea e ictericia, pero también causará síntomas neurológicos. Afecta principalmente a los riñones, el hígado, el sistema nervioso central y el sistema reproductivo.

La tos de las perreras es una enfermedad contra la que se vacuna rociando la vacuna por la nariz. La tos de las perreras es en realidad un complejo de enfermedades, que comúnmente son causadas por Bordetella y parainfluenza en combinación. La tos de las perreras causa una tos áspera similar al graznido de un ganso o una tos seca, y puede hacer que se expulse flema. Puede confundirse fácilmente con vómitos.

La rabia es la última vacunación que es vital en áreas del mundo donde es endémica. La rabia es una enfermedad que afecta al cerebro y se propaga a través de la saliva que ha contaminado la sangre. Esto puede ser a través de mordeduras, o simplemente saliva que contamina un rasguño. Es transmisible a los humanos.

El moquillo, la hepatitis y el parvovirus a menudo se combinan en una sola vacuna inyectable, que a veces también se combina con leptospirosis y posiblemente parainfluenza en una sola jeringa. Si la parainfluenza no se administra en forma inyectable, se puede combinar con Bordetella en una vacuna que se rocía por la nariz. La rabia, sin embargo, se administra como una vacuna inyectable individual.

Microchip

Un microchip es un inserto metálico del tamaño de un grano de arroz que puede ser insertado en la nuca de tu perro mediante una inyección por tu veterinario. Puede parecer que una inyección para insertar un microchip será dolorosa, pero el dolor es rápido y de muy corta duración. La mayoría de los cachorros lo habrán olvidado en cuestión de segundos después de la inyección.

Un microchip es una muy buena idea, ya que si tu Labrador se pierde o es robado, y posteriormente es recogido por control animal o llevado a un veterinario, un escaneo rápido del microchip permitirá que sea reunido contigo rápidamente. En ciertas partes del mundo, como el Reino Unido, los microchips son un requisito legal y no opcional.

No hace falta decir que un microchip es inútil si tus datos no se mantienen actualizados. Cada vez que te mudes de casa o cambies tu número de teléfono móvil, debes comunicarte con la empresa que administra la base de datos del microchip para modificar tus datos. De esta manera, puedes estar seguro de que tu perro puede ser rastreado fácilmente hasta ti.

Parásitos externos

Las pulgas representan una amenaza importante para la salud de tu Labrador y son parásitos externos comunes. Dependiendo de dónde vivas geográficamente, los ácaros de la sarna y las garrapatas también pueden representar una amenaza.

Los parásitos externos pueden ser adquiridos por tu Labrador de otros animales, del medio ambiente, e incluso de ti al traerlos a la casa en tu ropa. Las pulgas y los ácaros causan picazón intensa debido a sus picaduras, lo que resulta en poder observar una erupción roja y a tu Labrador rascándose. La diferencia es que los ácaros son microscópicos, y las pulgas pueden verse a simple vista. Aun así, el 95% de las pulgas viven en el entorno, lo que significa que no siempre son obvias en tu perro. Una prueba sencilla para ver si tu perro tiene pulgas es frotar el pelaje sobre una toalla de papel de cocina blanca, para eliminar algo de suciedad y polvo del pelaje. Cuando se gotea una pequeña cantidad de agua sobre la suciedad, si son excrementos de pulgas, mancharán el papel de cocina de color marrón o rojo oscuro.

Las garrapatas, por otro lado, no suelen causar molestias, a menos que la picadura se infecte localmente. La mayor preocupación es que las garrapatas pueden transmitir enfermedades a tu perro y, por lo tanto, deben eliminarse rápidamente o prevenirse. Vale la pena tener a mano un gancho para garrapatas, que puede comprarse en tu veterinario, la tienda de mascotas o en línea. Un gancho para garrapatas permite la fácil eliminación de la garrapata sin tocarla, y asegura que las partes de la boca se eliminen limpiamente, ya que es cuando estas se dejan en la piel que puede ocurrir una infección.

Los parásitos externos pueden prevenirse con tratamiento antiparasitario. El tratamiento preventivo puede durar desde unas pocas semanas hasta unos pocos meses, dependiendo del producto utilizado. Puede venir en forma de tabletas, golosinas, pipetas spot-on y collares. También puedes usar champús antiparasitarios que matan a los parásitos, pero no dejarán una protección residual. Algunos tratamientos antiparasitarios pueden comprarse en una tienda de mascotas, y otros pueden comprarse en una clínica veterinaria. Los productos de la clínica veterinaria, sin embargo, es probable que sean de prescripción médica y, por lo tanto, tengan menos acumulación de resistencia contra el fármaco. Por lo tanto, a menudo funcionan mejor.

Parásitos internos

Así como debes tratar rutinariamente los parásitos externos, también debes tratar rutinariamente los parásitos internos. Los tipos más comunes de gusanos incluyen:

- Lombrices intestinales y tenias: Estas causan diarrea, pérdida de peso e hinchazón. En casos extremos, pueden causar bloqueos gastrointestinales potencialmente mortales.

- Gusanos pulmonares: Estos gusanos impiden que la sangre pueda coagularse y pueden causar sangrado en los ojos. También causan tos, que puede llevar a dificultad respiratoria ya que causan daño a los pulmones.

- Gusanos del corazón: Estos se reproducen en el sistema circulatorio y pueden causar bloqueos potencialmente mortales en el corazón, las arterias y los pequeños vasos en los pulmones y los que conducen al cerebro.

Algunos tratamientos contra pulgas también incluyen tratamientos antiparasitarios, por lo que una aplicación de un medicamento cubrirá todos los tipos de parásitos, pero debes seguir las recomendaciones de tu veterinario sobre qué tratamientos usar en tu perro.

Los tratamientos completos de desparasitación contra lombrices intestinales y tenias generalmente se recomiendan cada tres meses si su perro busca comida, o cada seis meses si no lo hace. Por lo tanto, ¡para los Labradores con apetitos voraces, ciertamente tendrá que desparasitar cada tres meses! Si vive en un área donde los gusanos pulmonares son prevalentes, en realidad es mejor desparasitar a su perro con un tratamiento contra lombrices intestinales cada mes, y luego con un tratamiento contra tenias cada tres meses.

Esterilización

Si no planeas reproducir a tu Labrador, lo cual no deberías considerar si no eres un criador experimentado, es en el mejor interés de tu Labrador ser esterilizado. La castración de los machos previene apareamientos no deseados, reduce el impulso de vagar que podría llevar a accidentes de tráfico, previene la frustración sexual, reduce el marcaje, reduce las tendencias agresivas (aunque el Labrador no debería tener naturalmente ninguna tendencia agresiva), reduce las afecciones de próstata y elimina los cánceres de los órganos reproductivos. La esterilización de una hembra eliminará los períodos incómodos cuando está en celo, prevendrá embarazos no deseados, reducirá y casi eliminará las posibilidades de cánceres mamarios, prevendrá cánceres uterinos y ováricos, y prevendrá una infección uterina potencialmente mortal llamada piometra.

Tanto los procedimientos de castración como de esterilización requieren que tu perro sea un paciente de día en tu clínica veterinaria local. Deberás dejarlo temprano en el día, sin haber desayunado. La operación generalmente se realiza por la mañana y tu perro generalmente será dado de alta por la tarde, después de unas horas de observación. La anestesia tardará el resto del día en desaparecer, así que no te preocupes si tu Labrador parece un poco desanimado. Puedes darle algo de comida simple, como pollo y arroz, y dejarlo dormir el resto del día. Para el día siguiente,

Foto cortesía de
Chris Norton

deberías notar una gran mejora. En las dos semanas siguientes a la operación, es realmente importante que no permitas que tu Labrador corra demasiado, salte o lama la incisión. Esto puede hacer que los puntos de la herida se salgan y se desarrolle una infección, lo que retrasará significativamente la curación y requerirá medicación adicional. A la mayoría de los veterinarios les gusta revisar la incisión después de dos a tres días, y luego nuevamente después de 14 días para quitar los puntos.

Seguro para mascotas

Cuando compres o rescates un Labrador por primera vez, debes considerar contratar un seguro para mascotas. Como se discutió en el Capítulo 12, los Labradores son propensos a muchas afecciones, y tener un seguro para mascotas te dará tranquilidad de que la carga financiera de estas afecciones debería estar cubierta hasta cierto punto. Los honorarios veterinarios pueden ascender a miles de euros, rápida e inesperadamente, y muchas personas no pueden permitirse un pago repentino de este tamaño. Por lo tanto, el seguro para mascotas te dará la oportunidad de tomar decisiones sobre la atención médica de tu Labrador sin la preocupación de las finanzas.

Al decidir qué aseguradora de mascotas elegir, debes leer la letra pequeña cuidadosamente. Hay varios tipos diferentes de pólizas. Algunas te dan un fondo de dinero que puedes usar anualmente para cualquier condición, algunas te darán un fondo más pequeño de dinero por año por condición, y algunas tendrán un máximo que se puede gastar en una condición durante toda la vida de tu perro. No hay una opción correcta o incorrecta, pero puedes encontrar que una te convendrá más que otra. Para muchas compañías de seguros también hay tres niveles diferentes de cobertura, además de cómo se divide el dinero:

- Cobertura por accidentes

- Cobertura por accidentes y enfermedades

- Cobertura por accidentes, enfermedades y cuidados rutinarios (que incluye contribuciones para vacunas, control de parásitos, esterilización y cuidado dental)

Si rescatas o adquieres un Labrador mayor, es posible que encuentres algunas restricciones de la compañía de seguros en tu póliza. Pueden establecer exclusiones o solicitar un pago de franquicia más alto en cada reclamación. Incluso pueden pagar una porción más pequeña de cada reclamación por encima del monto de la franquicia y, por lo tanto, no asumas que la póliza estándar será aplicable a un perro mayor. De la misma manera, si has tenido tu Labrador desde una edad temprana, y solo lo inscribes para un seguro cuando es mayor, es probable que tengas un peor trato en comparación con si lo hubieras tenido en una póliza de seguro toda su vida. Esto se debe a que la compañía de seguros está asumiendo más riesgo, ya que los perros ancianos tienden a tener más afecciones.

Vale la pena asegurar a tu Labrador desde el día en que lo llevas a casa, ya que cualquier afección por la que veas a un veterinario formará parte de su historial clínico y será excluida de reclamaciones en el futuro. Por el contrario, si tu seguro ya está en vigor cuando tu perro es tratado por primera vez por una afección, estarás cubierto durante el tiempo que se indique en los términos de tu póliza de seguro particular. Como los Labradores pueden ser propensos a muchas afecciones costosas de por vida, se recomienda una póliza de vida.

No estás solo si sientes que pagar un seguro para mascotas es como tirar el dinero, y podrías considerar abrir una cuenta especial para reservar dinero específicamente para tu Labrador. Desafortunadamente, es probable que esta suma de dinero no sea suficiente para lo que realmente podrías necesitar si tu Labrador de repente tiene un accidente importante o desarrolla una enfermedad crónica de por vida. En cambio, probablemente descubrirás que el seguro para mascotas se pagaría por sí mismo durante la vida de tu Labrador.

El seguro para mascotas eliminará gran parte de la preocupación de proveer para tu perro, ya que si surge algo inesperado, sabes que estará cubierto. Por lo tanto, al adquirir un seguro para mascotas y proporcionar las medidas veterinarias preventivas que se han descrito en este capítulo, puedes asegurarte de que estás dando a tu perro todas las oportunidades para vivir una vida sana y feliz.

CAPÍTULO 12
Condiciones de Salud del Labrador Retriever

Como ocurre con la mayoría de las razas puras de perros, los Labrador Retriever pueden estar genéticamente predispuestos a desarrollar ciertas condiciones de salud. Estas surgen de la endogamia y la mala selección de progenitores por parte de los criadores. La mayoría de los criadores registrados en organizaciones caninas buscarán eliminar las enfermedades genéticamente vinculadas mediante pruebas genéticas diligentes y evitando criar con perros que desarrollen alguna condición. Sin embargo, los criadores menos profesionales y los criadores aficionados pueden ser más indiscriminados en sus elecciones de progenitores, y por lo tanto, las crías pueden tener una mayor probabilidad de problemas de salud. En consecuencia, vale la pena invertir en un cachorro de un criador que esté registrado en una organización canina reconocida y que tenga reputación por criar cachorros de alta calidad y saludables.

Condiciones Cardíacas

Las condiciones cardíacas son problemas de salud que afectan al corazón o al sistema circulatorio. Pueden poner en riesgo la vida.

Bloqueo Atrioventricular

El músculo cardíaco es estimulado por impulsos eléctricos para contraerse y bombear la sangre fuera del corazón. Esto ocurre en un ritmo regular, produciendo un latido constante. Si el ritmo se altera, aparte de un ligero aumento de velocidad al inhalar y una disminución al exhalar, se denomina arritmia.

Un bloqueo atrioventricular ocurre cuando solo la parte superior del corazón recibe la señal eléctrica para latir, y la mitad inferior no. Esto hace que el corazón pierda parte del latido, y se denomina bloqueo atrioventricular (o bloqueo AV). A veces, esto puede ocurrir intermitentemente, conocido como bloqueo AV de segundo grado, y a veces ocurre con cada latido, conocido como bloqueo AV de tercer grado.

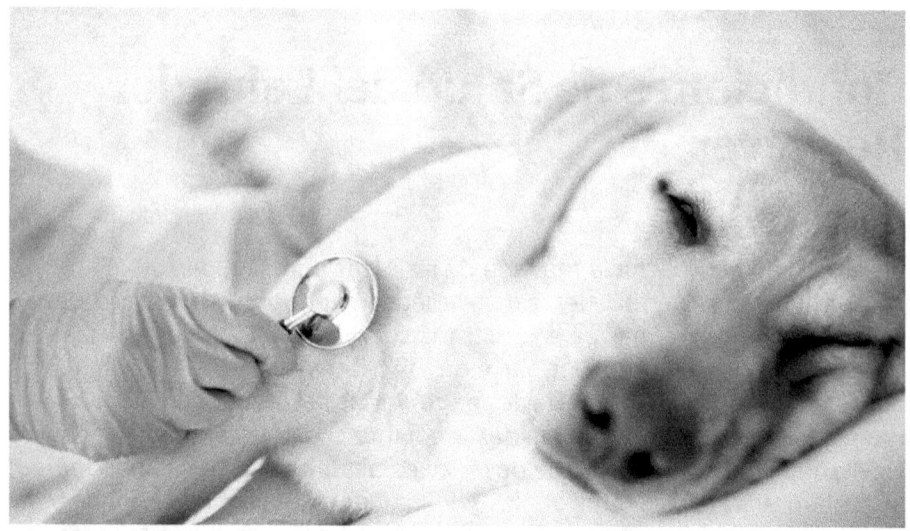

Los síntomas incluyen intolerancia al ejercicio, desmayos y, en casos graves, insuficiencia cardíaca.

El bloqueo AV puede tratarse con medicamentos para ayudar al corazón a latir de manera más regular y efectiva; sin embargo, los casos graves pueden necesitar la colocación de un marcapasos.

Derrame Pericárdico

El pericardio es un saco que rodea el corazón. Cuando el líquido se acumula dentro del saco pericárdico, alrededor del corazón, se denomina derrame pericárdico. Los Labradores macho tienen un mayor riesgo que las hembras. Puede haber muchas razones para la acumulación de líquido alrededor del corazón, como la insuficiencia cardíaca primaria, pero en los Labradores, la razón principal parece ser "idiopática", lo que significa desconocida o sin causa aparente.

Los síntomas del derrame pericárdico están relacionados con que el corazón tiene menos espacio para bombear, debido a la restricción del líquido que lo rodea. Estos incluyen colapso, acumulación de líquido en el abdomen debido a un reflujo de sangre que intenta entrar al corazón, disminución de los pulsos y debilidad.

El líquido puede ser drenado del saco pericárdico por un veterinario, lo que generalmente resuelve los síntomas a menos que la causa subyacente provoque el retorno del líquido.

Displasia de la Válvula Tricúspide

La válvula tricúspide es una válvula dentro del lado derecho del corazón que evita el reflujo de sangre cuando el músculo cardíaco se contrae. La displasia de la válvula tricúspide es una malformación de la válvula, que hace que sea defectuosa. Esto puede provocar el sonido de un soplo cardíaco, debido al flujo sanguíneo turbulento dentro del corazón, y la dilatación del lado derecho del corazón debido a una sobrecarga en el volumen sanguíneo.

Los síntomas clínicos incluyen fatiga y frecuencia cardíaca acelerada, que eventualmente conducen a síntomas de insuficiencia cardíaca como acumulación de líquido abdominal (conocida como ascitis) y líquido en los pulmones.

El pronóstico depende de la gravedad de la displasia; sin embargo, si es solo leve, puede manejarse con medicación que mejora la eficacia de bombeo del corazón y reduce la acumulación de líquido en los pulmones y el abdomen.

Condiciones Dermatológicas

Las condiciones dermatológicas son afecciones de la piel. Si bien no ponen en peligro la vida, pueden causar molestias significativas.

Dermatitis Atópica

La dermatitis atópica, también conocida como alergias cutáneas, se manifiesta de varias maneras diferentes. La forma más común es la piel con picazón, generalmente en las regiones del vientre, la ingle, las axilas y las patas. Los conductos auditivos también pueden inflamarse y, en casos más raros, el intestino puede alterarse también, provocando diarrea. No parece haber un patrón entre los diferentes alérgenos y las diferentes áreas que se inflaman en el cuerpo, sino que varía en cada caso individual. Los alérgenos pueden incluir proteínas alimentarias (como pollo, carne de res, etc.), alérgenos ambientales (como hierba, polen, etc.) y alergias a insectos (como ácaros, pulgas, etc.).

Es poco común que un perro sea alérgico a una sola cosa, y generalmente están involucrados varios alérgenos. Descubrir cuáles son los culpables es un proceso de eliminación. Existe la opción de realizar análisis de sangre para investigar la reacción a diferentes alérgenos; sin embargo, estas pruebas pueden ser costosas, así como inespecíficas e inconclusas en sus resultados. No obstante, en algunos casos, los resultados pueden ser útiles para evitar alérgenos o crear una vacuna contra las alergias.

Además del desarrollo de vacunas contra alérgenos, existen varias opciones de tratamiento para controlar las alergias. Estas están dirigidas a reducir la inflamación en la piel o reducir la respuesta inmune, e incluyen esteroides, antihistamínicos e inmunosupresores. También hay formas de cuidar la piel para que la barrera cutánea esté en mejor estado y no se inflame tanto. Estas incluyen la adición de aceites omega a la dieta, que son antiinflamatorios naturales y mejoran la salud de la barrera cutánea, y champús calmantes, como el champú de avena.

Desafortunadamente, la dermatitis atópica es una condición de por vida, por lo que es importante encontrar la forma más efectiva de manejarla para tu Labrador.

Condiciones Endocrinas

Las condiciones endocrinas son afecciones de órganos o glándulas que producen y secretan mensajeros hormonales en la sangre, que regulan el metabolismo, el crecimiento, la función tisular, el sueño, el estado de ánimo y la reproducción.

Diabetes Mellitus

La diabetes mellitus es una condición que es más común en Labradores esterilizados, en comparación con aquellos que no han sido castrados o esterilizados. Esto es lo opuesto a lo que ocurre en otras razas, donde la esterilización de las hembras en realidad reduce las posibilidades de diabetes.

La diabetes es una condición en la que no se produce insulina o las células del cuerpo no responden a la insulina, lo que resulta en un nivel alto de glucosa en sangre (azúcar). Un nivel alto de azúcar en sangre puede causar síntomas como aumento de la sed, aumento de la micción, cambio en los niveles de hambre (que generalmente aumentan inicialmente, luego progresan a disminuir), cataratas, pérdida de peso y debilidad. Si no se trata, la diabetes puede poner en peligro la vida.

La diabetes se trata con inyecciones de insulina, que se administran en la parte posterior del cuello. Solo se necesitan cantidades muy pequeñas de insulina, y las agujas son diminutas, lo que significa que tu Labrador probablemente ni siquiera lo notará. Las inyecciones se administran dos veces al día, con 12 horas de diferencia, después de una comida. Inicialmente, tu veterinario necesitará monitorear con frecuencia los niveles de glucosa para poder ajustar las inyecciones de insulina a la cantidad ideal, pero una vez que se ha descubierto el volumen ideal de insulina, el pronóstico es bueno con un tratamiento diligente.

Hipotiroidismo

La glándula tiroides produce hormonas tiroideas que controlan el metabolismo del cuerpo. La mayoría de los casos de hipotiroidismo se desarrollan a partir de la destrucción de la glándula tiroides y, por lo tanto, una incapacidad para producir hormonas tiroideas.

Puede ser difícil detectar si tu perro tiene hipotiroidismo, ya que los síntomas clínicos pueden ser inespecíficos. Los signos comunes incluyen un aumento de peso sin un aumento en el apetito, embotamiento mental, letargo o falta de voluntad para hacer ejercicio, búsqueda de lugares cálidos y cambios en la piel y el pelaje, como piel seca, pelaje opaco, aumento de la caída del pelo, adelgazamiento del cabello e infecciones cutáneas.

Tu veterinario puede realizar pruebas de hipotiroidismo con un análisis de sangre, y la suplementación con hormonas tiroideas orales generalmente resulta en una gran mejora de los síntomas.

Condiciones Digestivas

El sistema digestivo está compuesto por todos los órganos que están involucrados en el tránsito y el metabolismo de los alimentos, que incluy-

en el estómago, los intestinos, el páncreas y el hígado. Las condiciones del sistema digestivo pueden variar en gravedad y pueden causar una variedad de síntomas.

Derivación Portosistémica

El hígado es vital para convertir los nutrientes en formas utilizables, así como para convertir los productos de desecho y las toxinas, listos para ser excretados del cuerpo. Sin embargo, cuando un cachorro es un feto, el hígado no necesita hacer ningún trabajo, ya que no se está comiendo ningún alimento. Por lo tanto, la sangre se desvía del hígado a través de un atajo, para reducir la resistencia y facilitar el flujo sanguíneo.

Hacia el final del embarazo, esta derivación se cierra y el hígado se vuelve funcional; sin embargo, el Labrador Retriever tiene un mayor riesgo genético de que la derivación portosistémica permanezca en su lugar, lo que resulta en un uso disminuido del hígado. Esto puede causar una acumulación peligrosa de amoníaco, a partir de proteínas digeridas, que puede tener consecuencias importantes en el cuerpo. Los síntomas incluyen aumento de la sed, vómitos, diarrea y presión de la cabeza contra las paredes (debido a una condición llamada encefalopatía hepática).

La cirugía para cerrar la derivación es el tratamiento de elección, pero para algunos perros, la condición debe ser manejada médicamente con medicamentos para reducir la acumulación de líquido en el cerebro y disminuir los signos neurológicos, en combinación con una dieta baja en proteínas para reducir el amoníaco.

Condiciones Ortopédicas

"Los Labradores son conocidos por tener problemas de cadera y codo, por eso es importante encontrar un criador que realice las pruebas de salud necesarias. Incluso con las pruebas adecuadas, todavía existe la posibilidad de que tu cachorro sufra problemas articulares, pero es mucho menor. Mantener una dieta adecuada y limitar el ejercicio hasta que estén completamente desarrollados son la mejor manera de evitar que tu cachorro tenga problemas articulares".

Kathy Jackson
Karemy Labs

Las condiciones ortopédicas son cualquier condición que afecte la composición musculoesquelética del cuerpo. Esto incluye huesos, articulaciones, músculos, ligamentos y tendones. A menudo son condiciones dolorosas.

Lesión del Ligamento Cruzado

Hay dos ligamentos cruzados que mantienen unida la articulación de la rodilla (el equivalente a la rodilla del perro). Sin embargo, el ligamento cruzado craneal, que es el que está en la parte delantera, puede ser propenso a lesionarse. Esto causa inestabilidad en la articulación de la rodilla y un malestar considerable. Los que tienen un mayor riesgo son los Labradores esterilizados, especialmente los machos, y aquellos mayores de cuatro años.

Las lesiones del ligamento cruzado pueden ser un desgarro parcial o completo, y resultarán en una cojera donde tu Labrador probablemente tratará de evitar soportar cualquier peso en la pata. Se pueden tratar con varias técnicas quirúrgicas diferentes, o reposo estricto en jaula; sin embargo, en perros más grandes como un Labrador, la cirugía proporcionará un mejor resultado.

Displasia Articular, Osteocondritis y Osteoartritis

La displasia articular de la cadera o el codo es una condición común en perros de razas grandes, y el Labrador es uno de los más susceptibles. La cadera es una articulación de rótula y cavidad donde la cabeza del fémur

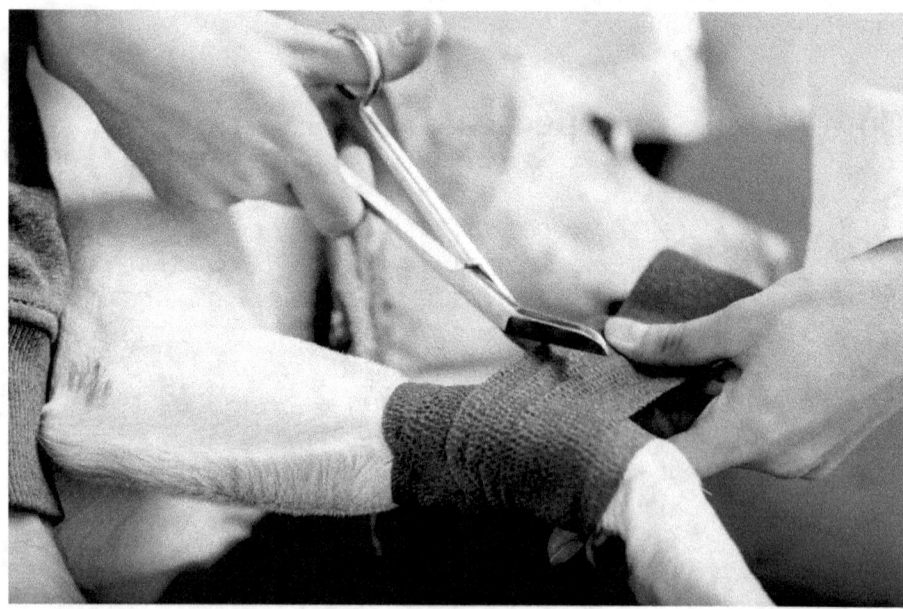

(rótula) encaja en una cavidad en la pelvis. Normalmente, esto debería ser una coincidencia perfecta, como piezas de un rompecabezas, pero cuando un perro tiene displasia de cadera, la rótula o la cavidad están malformadas. Cuando las formas no coinciden bien, significa que la articulación es menos estable cuando se mueve. En casos graves de displasia de cadera, la rótula puede luxarse fuera de la cavidad de la cadera cuando se mueve, lo que resulta en un paso tambaleante y oscilante si se ve desde atrás.

La displasia de codo, por otro lado, tiene muchos elementos diferentes. No es una articulación tan simple como la cadera, y dentro de la condición de displasia de codo, puede haber múltiples anomalías en el desarrollo. El problema más común en la displasia de codo es la osteocondritis disecante (OCD). Esto ocurre cuando un colgajo de cartílago articular se separa de la superficie articular interna. Además de esto, varias partes diferentes de los huesos involucrados en la articulación pueden desprenderse. Estos se conocen como proceso ancóneo no unido (UAP) y proceso coronoide medial fragmentado (FMCP). Esto finalmente conduce a cojera o una marcha inusual.

La displasia articular generalmente se diagnostica en base a radiografías o artroscopia; sin embargo, la mayoría de los veterinarios pueden tener una idea firme de que un perro puede estar sufriendo de displasia de cadera o

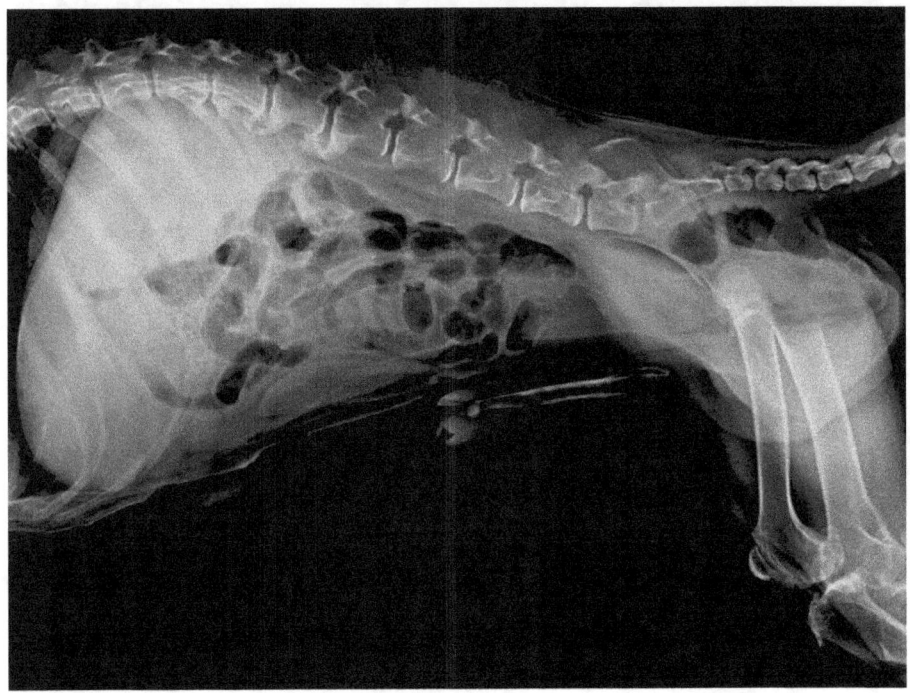

codo a partir de un simple examen clínico. Es mejor entender si un perro tiene displasia o no desde una edad temprana, ya que si no se detecta, la osteoartritis se establecerá en una etapa temprana, lo que se discute más adelante en el Capítulo 16. Esto se puede mitigar con cambios en el estilo de vida, como mantener a tu perro controlado en los paseos con saltos mínimos, y terapias físicas, como la hidroterapia, para desarrollar músculo. Los suplementos articulares también ayudan a mantener la salud de las articulaciones. El peso del perro también juega un papel importante en el manejo de las articulaciones, ya que un perro más ligero tendrá menos fuerza gravitacional en las articulaciones y, por lo tanto, menos estrés. Inevitablemente, todos los perros que tienen displasia articular, algún día tendrán osteoartritis. Sin embargo, el objetivo es evitar esto durante el mayor tiempo posible.

Para casos graves de displasia de codo y cadera, la cirugía es una opción para mejorar la articulación. En la displasia de codo, la cirugía generalmente implica la eliminación de fragmentos de hueso o cartílago. A veces, un UAP puede volver a unirse con el uso de tornillos si la cirugía se realiza a una edad muy temprana. Con la displasia de cadera, la articulación de la cadera puede modificarse eliminando la cabeza del fémur, remodelándola y reemplazándola, o sacándola por completo. Tanto con la displasia de cadera como con la de codo, el reemplazo total de la articulación es el tratamiento quirúrgico estándar de oro, pero con implantes puede costar mucho, ya que esta cirugía requiere la inmensa habilidad del cirujano y costosas piezas de implante.

La prevención siempre es mejor que la cura, por lo que comprar un cachorro de un criador que haya realizado radiografías y puntuaciones de las articulaciones de los padres te ayudará a evitar comprar de una genética deficiente, como se discutió en el Capítulo 4. La puntuación de cadera y codo se puede hacer a través de la Federación Cinológica Internacional (FCI) y organizaciones caninas reconocidas en diferentes países.

Cola Flácida

La cola flácida también se conoce como "cola de timón", "cola de nadador", "cola de agua fría", "cola débil" y "meneo roto". Es cuando la cola se vuelve flácida y tiene un movimiento mínimo. Esto generalmente es inme-

diatamente obvio en un Labrador, ya que sus colas a menudo están meneándose sin parar.

La condición generalmente es dolorosa, y es posible que notes algo de hinchazón en la base de la cola, que es donde está el músculo coccígeo. Es más común en perros que son perros de trabajo o perros que nadan regularmente, y aunque la causa y el elemento genético no están completamente claros, una lesión en el músculo coccígeo parece ser un elemento en la condición.

La condición generalmente se resuelve por sí sola en unos pocos días o semanas; sin embargo, tu veterinario probablemente le recetará algunos antiinflamatorios para ayudar a tu perro con la incomodidad.

Panosteítis

La panosteítis es una condición de perros jóvenes (6-16 meses de edad), de raza grande y de rápido crecimiento, que puede compararse con los dolores de crecimiento. Se cree que la genética, el estrés y las condiciones autoinmunes están relacionados con su desarrollo; sin embargo, la causa subyacente aún se desconoce.

Los síntomas incluyen cojera, dolor, temperatura, falta de apetito y malestar al sentir los huesos largos de las patas. A veces solo un hueso se ve afectado, y otras veces, múltiples huesos están involucrados.

El tratamiento está dirigido a aliviar el dolor; sin embargo, la condición es autolimitante y se resuelve por sí sola.

Cánceres

Cáncer es una palabra aterradora; sin embargo, no todos los tumores son iguales. Algunos se propagan rápidamente por todo el cuerpo, lo que resulta en un acortamiento significativo de la vida útil, mientras que otros se propagan muy lentamente o no se propagan en absoluto. Los Labradores son propensos a varios tipos de tumores, algunos de los cuales son benignos y otros que son agresivos.

Hemangiosarcoma

Un hemangiosarcoma es un tumor de origen vascular, lo que significa que está lleno de sangre y a menudo es de color rojo. Generalmente aparecen en perros mayores, y en los Labradores, la edad promedio para desarrollar un hemangiosarcoma (si se desarrolla) es de 10 años.

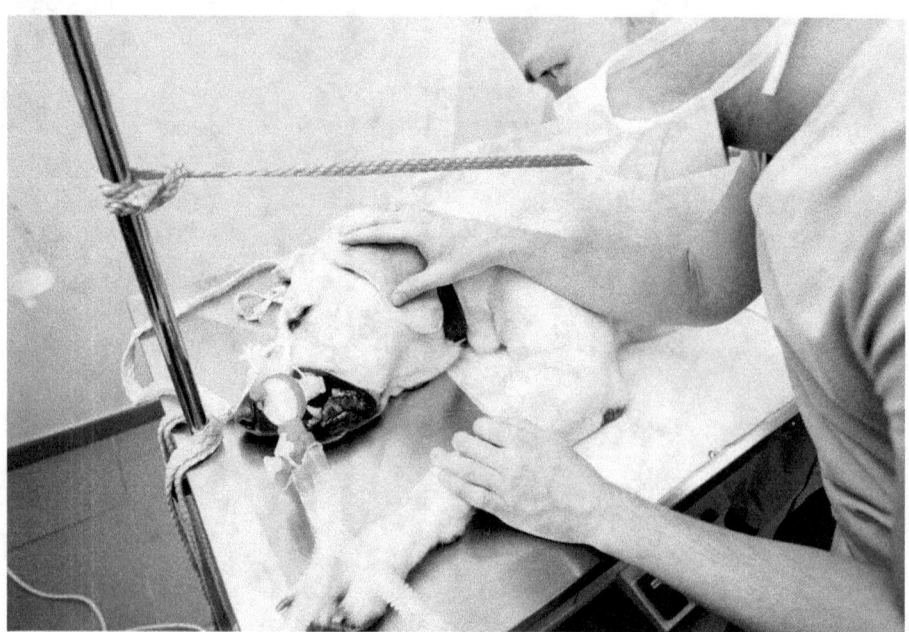

A veces puede ser difícil saber si tu Labrador tiene un hemangiosarcoma, ya que no siempre son evidentes en la piel. También pueden desarrollarse en el bazo o el hígado, o propagarse desde la piel a estos órganos.

La cirugía para extirpar los tumores es el tratamiento de elección, y esto debe hacerse lo antes posible, ya que como surgen de los vasos sanguíneos, pueden propagarse muy fácilmente en la sangre a otros órganos.

Lipoma

Un lipoma es un tumor benigno de la piel, originado en células grasas. Generalmente ocurren en animales obesos, y los Labradores son propensos a la obesidad. Son tumores generalmente suaves y redondos, que se mueven si se tocan.

Aunque los lipomas son benignos y no ponen en peligro la vida, pueden progresar a un tamaño muy grande, lo que resulta en molestias para tu perro.

La cirugía es curativa, y siempre que el tumor se extirpe por completo, el tumor no volverá.

Tumor de Células Cebadas

Los tumores de células cebadas se originan en las células cebadas y generalmente se desarrollan primero en la piel, antes de propagarse a los órganos internos. Los sitios más comunes son el vientre y las extremidades.

Las células cebadas son glóbulos blancos que liberan histamina, lo que hace que estos tumores potencialmente piquen o sean incómodos, además de aumentar y disminuir de tamaño. Se clasifican en una escala de I-III, siendo I de bajo grado y III agresivo y de alto grado. El grado del tumor determina la probabilidad de que se propague por el cuerpo y cause problemas.

La extirpación quirúrgica es el tratamiento de elección. Sin embargo, para tumores de grado II o III, o tumores con evidencia de propagación por el cuerpo, esto podría ser seguido por quimioterapia.

Osteosarcoma

Un osteosarcoma es un tumor óseo, que puede ser agresivo. Los huesos más comúnmente afectados son el radio, el húmero, el fémur o la tibia. El signo clínico más común es la cojera, en combinación con la hinchazón del hueso.

Dado que los huesos afectados son generalmente los huesos de la pata, puede ser necesaria la amputación de la pata, seguida de quimioterapia; sin embargo, el pronóstico sigue siendo malo, con perros no tratados que viven no más de unos pocos meses, y perros que han tenido cirugía, que viven en promedio solo cinco meses más.

Condiciones Neurológicas

Las condiciones neurológicas que se manifiestan a una edad temprana a menudo son hereditarias. Estas son condiciones que afectan al cerebro y la médula espinal. Las condiciones que aparecen más tarde en la vida tienen menos probabilidades de estar vinculadas a la genética.

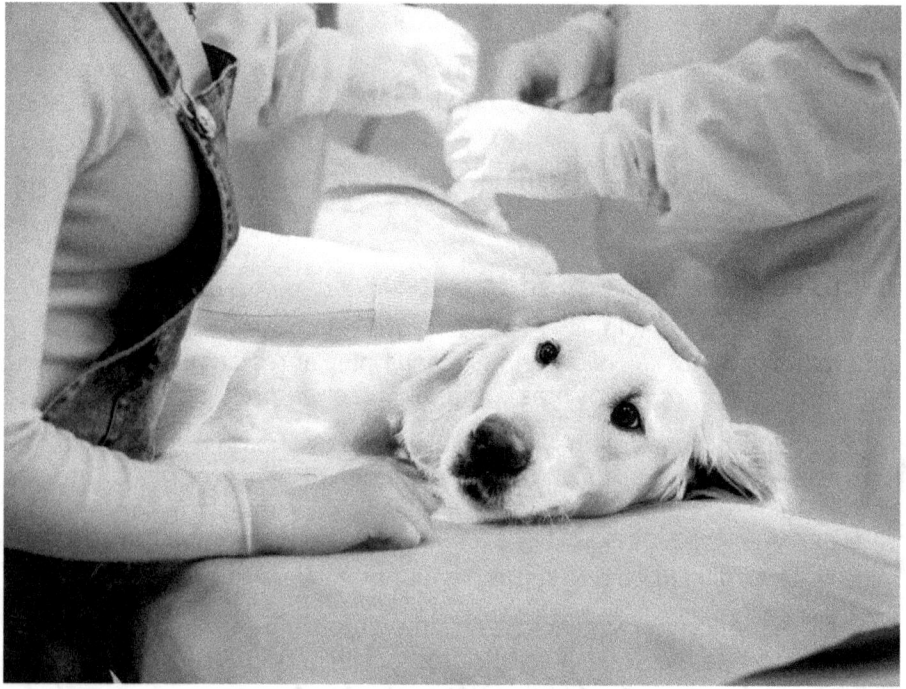

Epilepsia

La epilepsia es una condición que causa convulsiones; sin embargo, no todas las convulsiones son causadas por epilepsia. Otras causas de convulsiones, como anomalías cerebrales, encefalitis y encefalopatía hepática, deben descartarse primero, antes de que se pueda hacer un diagnóstico de epilepsia.

Aunque las convulsiones pueden ser traumáticas tanto para ti como para tu Labrador, hay medicamentos disponibles para reducir la frecuencia y permitir que tu Labrador viva una vida relativamente normal. Sin embargo, si la convulsión dura más de cinco minutos, o vienen en racimos (varias en un corto espacio de tiempo), esto es una indicación de que debes llevar urgentemente a su Labrador al veterinario para una reevaluación.

Condiciones Oculares

Las condiciones oculares se relacionan con afecciones de cualquiera de las estructuras del ojo.

Cataratas

Una catarata es una condición del cristalino en el ojo, donde se vuelve blanco y opaco, lo que lleva a la ceguera. El cristalino es la parte del ojo que cambia de forma para poder dirigir la luz hacia la parte posterior del ojo de manera apropiada. Si esto no funciona, la visión se vuelve borrosa. Las cataratas son  cuando el cristalino comienza a volverse opaco. Algunos perros las desarrollan en un solo ojo, y otros perros las desarrollan bilateralmente.

Un veterinario diagnosticará cataratas mirando en el ojo con un oftalmoscopio. Este es un dispositivo que brilla luz en el ojo y la refleja hacia una lupa. Si la luz brilla hasta la parte posterior del ojo, donde está la retina, entonces el cristalino es normal. Sin embargo, si la luz se refleja en el cristalino, entonces ha desarrollado una catarata.

La esclerosis nuclear, a simple vista, se parece mucho a una catarata. Esta es una condensación normal de las fibras del cristalino, que ocurre con la edad. Sin embargo, no es opaca y, por lo tanto, con el oftalmoscopio, un veterinario puede mirar hasta la parte posterior del ojo.

No hay nada médico que se pueda aplicar al ojo para una catarata. Sin embargo, un oftalmólogo veterinario puede reemplazar el cristalino en un entorno hospitalario de referencia, pero esta es una operación poco común y requiere una amplia experiencia técnica.

Atrofia Progresiva de Retina

Abreviada como APR, la atrofia progresiva de retina es una enfermedad hereditaria recesiva. Se puede realizar una prueba en animales reproductores, y es lo responsable que debe hacer cualquier persona que tenga la intención de criar un Labrador.

Causa una pérdida gradual de la visión, que comienza con ceguera nocturna. Esto se debe a que la parte posterior del ojo, conocida como retina, se deteriora gradualmente.

No hay tratamiento para la APR, y siempre conducirá a la ceguera de ambos ojos. En última instancia, esto no es una sentencia de muerte, ya que los perros pueden vivir felizmente sin vista, especialmente perros altamente inteligentes como el Labrador.

Condiciones Urinarias

Las condiciones urinarias son afecciones que afectan a los riñones, la vejiga o los tubos que los conectan, conocidos como los uréteres y la uretra.

Uréteres Ectópicos

El uréter es el tubo que transporta la orina desde los riñones hasta la vejiga, donde se almacena hasta que hay suficiente para que el perro la elimine. La palabra ectópico significa fuera, y los uréteres ectópicos son exactamente eso: los uréteres terminan fuera de la vejiga, generalmente en la uretra, que es el tubo que transporta la orina desde la vejiga hasta el exterior del cuerpo. Como resultado, los perros que tienen uréteres ectópicos filtrarán orina constantemente. Generalmente, la condición es más común en las hembras y suele ser evidente antes del año de edad.

No hay nada médico que se pueda hacer para la condición, y la cirugía es la única opción para corregir la anomalía anatómica. Mientras espera la cirugía, el pelo debe mantenerse corto alrededor del área donde se filtra la orina para evitar quemaduras por orina, y el área debe limpiarse regularmente.

Condiciones Respiratorias

Las condiciones respiratorias son afecciones que afectan la respiración de tu Labrador. Pueden afectar la nariz, las fosas nasales, la garganta (laringe y faringe), la tráquea, los bronquios y los pulmones.

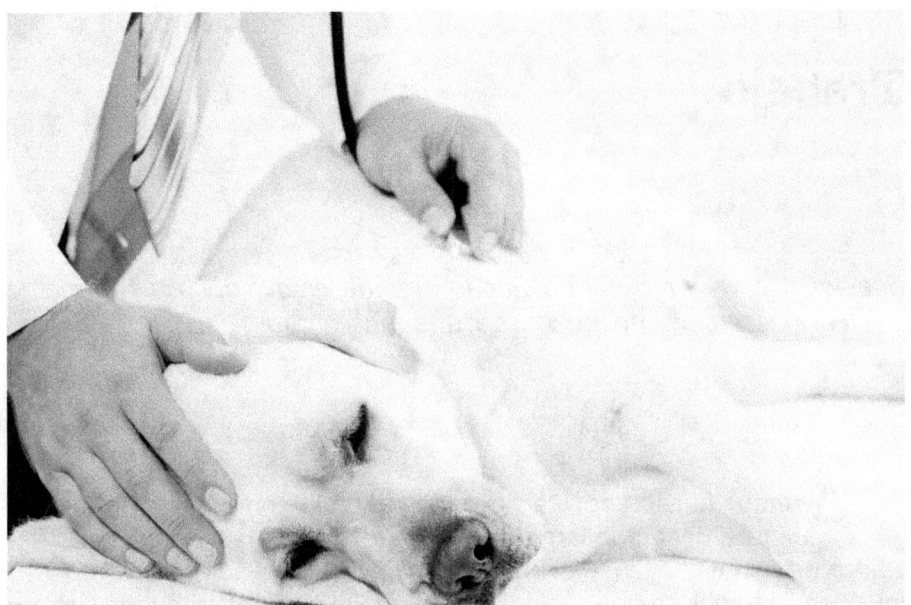

Parálisis Laríngea

La laringe es el cartílago en la parte superior de la garganta que controla la apertura a los pulmones. Cuando un perro sufre de parálisis laríngea, uno o ambos lados de la laringe no se abren completamente al inhalar, estrechando las vías respiratorias. Los síntomas incluyen tos, cambios en la voz y respiración ruidosa, y en casos graves, puede causar dificultad para respirar y colapso.

El tratamiento implica aliviar los signos de una vía aérea estrecha, lo que se puede hacer con antiinflamatorios en algunos casos. Los casos graves pueden requerir una traqueotomía. Se puede realizar una cirugía para abrir más la vía aérea, y tiene una buena tasa de éxito.

***

Los Labradores Retriever son propensos a más condiciones de salud que el perro de raza pura promedio; sin embargo, eso no quiere decir que todos los Labradores desarrollarán una condición en su vida. No obstante, es importante comprender a qué condiciones son propensos los Labradores, para que puedas estar al tanto de ellas y detectar cualquier síntoma que se presente temprano. De esa manera, tu Labrador tendrá el mejor pronóstico en el futuro.

CAPÍTULO 13
Trabajo

"Por encima de todo, el Labrador es versátil. Hemos tenido perros que han llegado a realizar búsqueda y rescate en avalanchas, trabajo de asistencia, caza, o simplemente ser una mascota familiar".

Kathy Jackson
Karemy Labs

Aunque el Labrador Retriever es muy feliz como perro de familia, la raza tiene una larga historia en el mundo laboral. La naturaleza complaciente innata del Labrador, su capacidad de adiestramiento y su inteligencia significan que cualquier cosa que te propongas, puede ser adiestrado para hacerla. Incluso si parece que tu dócil compañero preferiría sentarse a tu lado, en su interior se esconden instintos que lo convertirían en un excelente compañero también en el mundo laboral. No obstante, independientemente de si tienes la intención de tener un Labrador de traba-

Foto cortesía de Mike Valant

jo o no, este capítulo te ayudará a comprender cuán adaptable y capaz es realmente el Labrador Retriever.

Trabajo de Campo

Los Labrador Retrievers son conocidos como "perros de caza", ya que su función original cuando la raza fue llevada desde Terranova al Reino Unido en el siglo XIX era ser compañero de hombres o mujeres que deseaban cazar animales salvajes. El subgrupo de retrievers, en la categoría de perros de caza, incluye al Labrador Retriever, Golden Retriever, Flat-coated Retriever y Chesapeake Bay Retriever. Aunque todos son muy similares, los Labradors claramente lideran en popularidad. Esto se debe a que tienen una excelente capacidad para encontrar presas, son extremadamente adiestrables y sus bocas son muy suaves, lo que significa que la presa no se daña cuando la recogen. Además de esto, los Labradors son resistentes, con un pelaje impermeable, y lo suficientemente atléticos para soportar largas jornadas en el campo.

La función principal de un Labrador cuando está en el campo es traer de vuelta la presa abatida a su dueño. Este es un trabajo importante, ya que no solo es difícil para un cazador recuperar lo que ha disparado sin perturbar el área circundante y futuras presas para la caza, sino que también asegura que cualquier animal herido sea rápidamente recuperado y sacrificado humanamente.

Existen algunas ligeras diferencias en la forma en que se realiza el trabajo de campo entre Estados Unidos y el Reino Unido. En Estados Unidos, se espera que los Labradores recuperen tanto presas de tierra alta como aves acuáticas. Ambos son tipos populares de cacerías, y regularmente se espera que los Labradores naden para recuperar las presas. Algunos Labradores estadounidenses también han sido enseñados a señalar, para ayudar a sus dueños a encontrar la presa, sin embargo, esto ahora se deja principalmente a las razas Setter y Pointer.

En el Reino Unido, los perros de cobro son conocidos como "peg dogs" y esperan a que los "guns" (quienes disparan) les den la señal para recuperar las aves de caza. Los Labradores también pueden ser utilizados por un equipo de "recogedores", que siguen a los "batidores" que utilizan Spaniels para ayudar a levantar las aves. La mayor parte de esta caza es en el interior, donde faisanes, urogallos, perdices y chochas son habitualmente abatidos.

La caza de aves acuáticas es un tipo de caza menos común en el Reino Unido, a diferencia de Estados Unidos donde la caza de aves acuáticas es

147

Foto cortesía de
Autumn Paige Steed

muy popular. Pero Gran Bretaña tiene una extensa costa y muchas oportunidades para cazar gansos y patos en la orilla. Los Labradores sobresalen en la recuperación de estos tipos de aves, y nadar en agua fría no es un impedimento para ellos.

Si estás pensando que sería agradable probar suerte en la caza con tu Labrador, no es difícil comenzar a adiestrarlopara que tenga un papel de trabajo. La obediencia es clave, y las órdenes básicas de 'sentado', 'junto' y 'ven' son vitales. Cuando se trabaja en el campo, la mayoría de las señales se dan con la mano o un silbato. La mejor manera de aprender estas señales es la práctica constante con señuelos, y observar mucho a adiestradores de perros de caza más experimentados. El adiestramiento formal de perros de caza no debe comenzar hasta al menos los seis o siete meses de edad, y el adiestramiento puede delegarse a un adiestrador profesional de perros de caza si tú no tienes experiencia.

Si estás interesado en trabajar con tu Labrador en el campo, pero no es cazador, podría valer la pena explorar las Pruebas de Campo. En Estados Unidos, una 'prueba de caza' es una evaluación no competitiva para perros de caza. Hay una serie de cobros predeterminados que cada perro debe intentar bajo las mismas condiciones. En el Reino Unido, sin embargo, las 'pruebas de trabajo para perros de caza' (GWTs) son competitivas y pueden utilizar diferentes tipos de cobros para cada perro competidor. También utilizan tanto aves muertas como señuelos. El juez busca la capacidad del perro para encontrar la presa, buenos modales y boca suave.

La mejor manera de iniciarse en el trabajo y adiestramiento de tu Labrador sería contactar con la Asociación Norteamericana de Retrievers de Caza en Estados Unidos, para encontrar tu club local. En el Reino Unido, la comunidad de caza es un poco más difícil de penetrar, pero unirte al Club de Perros de Caza u ofrecerte para ayudar en algunas cacerías durante el verano, te ayudará a establecer excelentes contactos.

Perros de Asistencia para Personas con Discapacidad

La naturaleza gentil y la alta inteligencia de un Labrador los hace perfectos para ser adiestrados como perros de asistencia para personas con discapacidad.

Los Labradores son, por mucho, la raza más popular de Perros Guía. Su trabajo permite a sus dueños vivir una vida más independiente, así como participar más en su comunidad.

El adiestramiento de un perro guía puede costar decenas de miles de euros, y se realiza principalmente a través de organizaciones sin fines de lucro, por lo que no es un compromiso ligero para un Labrador comenzar el camino de adiestramiento para este importante papel. La mayoría de los perros guía provienen de programas de cría especializados, dirigidos a producir cachorros con todas las características requeridas y un historial de salud limpio. Desde las ocho semanas de edad, los perros comienzan un adiestramiento informal. Hasta los 12-18 meses, son introducidos a una variedad de entornos diferentes, y continuamente evaluados para ver si su carácter es adecuado para el trabajo de perro guía. Si pasan esta etapa, entran en adiestramiento formal. Sin embargo, aunque el adiestramiento formal es intenso, todavía viven en un entorno hogareño y se les permite tiempo para jugar, caminar y dormir como cualquier otro perro. Cuando tienen dos años, son emparejados con su nuevo dueño, quien también habrá pasado por algún tipo de adiestramiento.

Aunque el adiestramiento de perros guía es lo que la mayoría de las personas piensa cuando se adiestra a un Labrador para una persona con discapacidad, los Labradores también pueden ser excelentes perros de asistencia para una variedad de condiciones. Los Labradores pueden recoger objetos cotidianos que podrían ser difíciles de alcanzar o recoger, como teléfonos, carteras y llaves. También pueden ayudar con el vestido, recoger el correo, cargar la lavadora, abrir puertas, presionar el botón en un cruce peatonal, alertar a sus dueños de un ruido y, vitalmente, proporcionar una maravillosa fuente de compañía. Por lo tanto, un Labrador de asistencia puede ayudar a su dueño a sentirse menos aislado y tener un mayor sentido de independencia.

Los Labradores también son utilizados frecuentemente como perros de apoyo para niños con autismo o personas con dificultades emocionales. También son capaces de apoyar a dueños con condiciones médicas, y alertar a los dueños de crisis inminentes, una caída en los niveles de azúcar en sangre para diabéticos y muchas otras emergencias médicas. También son comúnmente utilizados como perros de terapia, que visitan hospitales, residencias de ancianos y centros de cuidado para interacción a corto plazo.

No es de extrañar que los Labradores sean tan populares en el papel de perros de asistencia, ya que son increíblemente versátiles en sus habilidades.

Foto cortesía de
Robert Cassidy
Cassidy Photography

Foto cortesía de Lisa Higbee

Búsqueda y Rescate

Tras desastres naturales, como terremotos, avalanchas y tornados, los Labradores pueden ser utilizados como perros de búsqueda y rescate para ayudar a detectar signos de vida enterrados bajo los escombros. Sus excelentes narices, oído preciso, capacidad de adiestramiento y pisadas ligeras les ayudan a navegar por los sitios de desastre con más agilidad y seguridad que los humanos. En estas situaciones, el tiempo es esencial y puede significar la diferencia entre la vida y la muerte, por lo que el hecho de que un Labrador pueda hacer el trabajo de un equipo de personas los convierte en los héroes anónimos del esfuerzo de rescate.

Los Labradores también pueden ser utilizados en la búsqueda de personas desaparecidas. Estas incluyen personas que han huido de casa, excursionistas perdidos, o personas mayores o confundidas que no saben dónde están.

El adiestramiento oficial de búsqueda y rescate comienza alrededor de los 18 meses de edad, y toma entre seis meses y dos años. El guía también pasa por este adiestramiento, y es importante que exista un verdadero vínculo entre el Labrador y el guía para ser efectivos.

Perros de Policía y Fuerzas Armadas

En las fuerzas armadas, los Labradores pueden utilizar su excepcional sentido del olfato para detectar piezas de material explosivo. Son altamente valorados por salvar muchas vidas tanto de soldados como de civiles de artefactos explosivos improvisados sin detonar y campos minados activos.

También pueden servir en otros roles de aplicación de la ley. Policías y oficiales de aduanas emplean regularmente Labradores para detectar drogas y otros artículos ilegales, como armas, explosivos, e incluso personas que son introducidas en el país. Los Labradores se ven regularmente con oficiales de policía en aeropuertos y terminales de ferry. Aunque no poseen la agresión natural de los perros policía que realizan tareas de protección, como los Pastores Alemanes, su excelente olfato es la razón por la que muchos Labradores son empleados como perros detectores especializados.

Cuando un perro detector capta un olor objetivo, mostrará una señal a su guía. Esto suele ser rascar junto a él, o sentarse. Un guía de un perro detector necesita estar completamente en sintonía con el lenguaje de su perro, para captar todas sus señales.

Un perro detector puede hacer un trabajo rápido y fácil al examinar grandes áreas. Un oficial de control fronterizo normal podrá registrar un vehículo en 20 minutos, mientras que un perro detector solo tardará cinco minutos. Esto asegura que el tráfico pueda seguir fluyendo y la frontera no experimente largas demoras.

***

Debido a la buena naturaleza y capacidad de adiestramiento del Labrador, pueden poner su pata en casi cualquier trabajo que se les requiera. La mayoría de los perros de trabajo están destinados a sus roles; sin embargo, esto no significa que un Labrador rescatado o tu Labrador mascota no sea capaz de hacer el trabajo. La inteligencia de la raza no tiene parangón, y esto es algo que tú puede utilizar para tu mejor ventaja cuando adiestre a tu Labrador en casa.

CAPÍTULO 14
Reproducción

Tomando la decisión de criar

Los Labradores son una de las razas más populares del mundo y, como resultado, también una de las más frecuentemente criadas. Puede ser tentador, si tienes un Labrador, querer reproducir a tu perro. Después de todo, los cachorros de Labrador no solo son adorables, sino que también tienen una gran demanda, por lo que pueden encontrar hogares para ellos fácilmente.

Sin embargo, estas no son razones para reproducir a tu Labrador. Los Labradores tienen una gran cantidad de enfermedades genéticas. Esto se debe a la cría indiscriminada y a la mala elección de parejas reproductoras, así como a la falta de conocimiento sobre problemas de salud genéticamente vinculados. El hecho de que tu Labrador tenga un carácter maravilloso no lo convierte en un ejemplar ideal para la reproducción.

Los cachorros de Labrador pueden alcanzar un precio elevado; sin embargo, no deberías apresurarte a suponer que puedes ganar mucho dinero con una camada. Necesitarías invertir en pruebas genéticas, evaluación de caderas y codos, y proporcionar una nutrición excelente para tu Labrador durante el apareamiento y el embarazo. Esto puede costar miles de euros, y siempre existe el riesgo de una cesárea de emergencia si tu perra tiene dificultades para dar a luz, lo que costaría varios miles de euros más. La cría de cachorros ciertamente no es una forma de ganar dinero rápido.

La cría requiere amplios conocimientos, tiempo y dinero, así que si estás considerando convertirte en un criador dedicado de Labrador Retriever, este capítulo te proporcionará algunos conocimientos básicos para comenzar. Puede ser extremadamente gratificante contribuir a mejorar la genética de la raza Labrador con una camada sana e impresionante de descendientes, pero primero asegúrate de que estás criando a tu perro por las razones correctas.

Apareamiento

Si has decidido que deseas reproducir a tu Labrador, ya sea macho o hembra, primero debes asegurarte de que esté sano y sea de alta calidad genética. Tu veterinario debe tomar radiografías para la evaluación de caderas y codos, y análisis de sangre para pruebas genéticas. Las pruebas pueden incluir miopatía centronuclear, colapso inducido por ejercicio, paraqueratosis nasal hereditaria, atrofia progresiva de retina y enanismo esquelético. Un resultado positivo no significa que tu Labrador enfermará algún día, pero significa que existe la posibilidad de que los cachorros de tu Labrador desarrollen una enfermedad. Los resultados se clasificarán como libre, portador (donde hay un gen normal y un gen mutante, y por lo tanto la mitad de la descendencia se verá afectada), o afectado (donde hay dos genes mutantes). También se recomienda que tu Labrador tenga un examen oftalmológico especializado.

Si has realizado todas las pruebas requeridas y los resultados son favorables, entonces puedes buscar una pareja para tu perro. Una pareja también debe haber tenido pruebas con resultados favorables. Además, no deberían tener un linaje donde haya consanguinidad excesiva, lo cual puede verse por nombres que se repiten dentro del árbol genealógico.

Si tienes una hembra Labrador, solo puede aparearse cuando está en celo. Esto también se conoce como estar "en calor" o "en estro", y los términos se usan indistintamente. En promedio, esto ocurre aproximadamente cada seis meses y dura aproximadamente una semana. El resto del tiempo, tu perra está reproductivamente inactiva y no podrá concebir. Los signos de que tu Labrador está en celo incluyen hinchazón y enrojecimiento de la vulva, un ligero flujo sanguinolento y atracción hacia los perros machos. Si necesitas viajar lejos para llegar al perro semental, puede que ya sea demasiado tarde en el ciclo de tu perra (para cuando tú lo notes) para viajar hasta el semental. Esto puede superarse con análisis de sangre. Tu veterinario puede realizar análisis de sangre para confirmar en qué parte del ciclo se encuentra y predecir los mejores días para que se aparee, aumentando las posibilidades de concepción. Si está lista, el perro semental la montará y luego se girará para quedar de espaldas a ella. Esto se conoce como "anudamiento". Una vez anudados, si los perros son separados a la fuerza, puede causar daños considerables al semental.

Tu perra debe tener su primer celo antes de ser apareada. Puede ser apareada entre su segundo celo y los cinco años de edad. Después de esto, no se recomienda que continúes reproduciendo a tu perra, ya que producir una camada de cachorros requiere que el cuerpo soporte una gran tensión, que un perro mayor podría no ser capaz de manejar.

Embarazo

Después del apareamiento, comprensiblemente estarás impaciente por saber si tu perra está embarazada. El embarazo dura poco más de dos meses, aproximadamente 63 días, pero es difícil saber muy temprano si ha concebido. Se puede realizar un análisis de sangre a los 22 días, pero una ecografía menos invasiva es mejor, la cual puede hacerse a partir de los 42 días. Es difícil saber cuán grande será la camada sin una radiografía para contar los esqueletos fetales; sin embargo, esto no debe realizarse de forma rutinaria, ya que puede dañar el desarrollo fetal.

El embarazo es estresante para el cuerpo y, por lo tanto, debes proporcionar a tu Labrador una dieta de la mejor calidad para mantenerte saludable. Esta debe ser una dieta alta en energía y, hacia la última parte del embarazo, puede ser una dieta para cachorros. Esto le proporcionará más calcio para el desarrollo óseo de los cachorros, así como calcio para comenzar a producir leche. Tu perra puede ser paseada diariamente, pero no en exceso. Veinte minutos es lo ideal, y debes desalentar los saltos y las carreras descontroladas. También se le debe permitir mucho tiempo para descansar.

Cuando tu perra esté en su última semana de embarazo, sus pezones se hincharán, listos para producir leche, y podría comenzar a actuar de manera maternal con sus juguetes. Es probable que comience a crear un espacio de nido para dar a luz. No debes interrumpir demasiado a tu Labrador cuando está haciendo esto, ya que es su proceso de preparación, y las interrupciones pueden causar un estrés indebido en su cuerpo y emociones.

Parto

El trabajo de parto y el nacimiento pueden ser momentos preocupantes para todos; sin embargo, lo mejor es tratar de dar a tu Labrador tanto espacio y tranquilidad como sea posible. La mayoría de las madres tienen un instinto natural sobre qué hacer cuando dan a luz y no necesitarán su ayuda. No obstante, es aconsejable vigilar desde la distancia para asegurarse de que todo va bien.

El parto es inminente cuando la temperatura de tu Labrador cae por debajo de los 37,8 grados Celsius. Una temperatura normal está entre 38,3 y 39,2 grados. Hacia el final del embarazo, la mayoría de los criadores tomarán la temperatura de su Labrador dos veces al día para detectar la caída de temperatura. Es probable que tu perra muestre signos de trabajo de parto que incluyen caminar inquieta, gemir y pujar. No te asustes si esto

continúa durante un tiempo. Incluso puede haber hasta dos horas entre el nacimiento de cada cachorro.

Cada cachorro saldrá individualmente, generalmente con el saco amniótico todavía a su alrededor. La madre abrirá el saco después de que nazca el cachorro y lamerá el líquido. Esto estimula al cachorro a respirar, además de calentarlo y secarlo. A veces, a los criadores les gusta intervenir en esta etapa y recoger al cachorro para frotarlo vigorosamente con una toalla. Esto no siempre es necesario, pero si tu Labrador es madre primeriza o no muestra muy buenos instintos, su acción podría potencialmente salvar a muchos de los cachorros.

Si estos síntomas continúan durante más de dos horas sin que nazca ningún cachorro, hay secreción verde o negra, o ha habido una caída de temperatura hace más de 24 horas, estos son signos de que debes llevar a tu perra al veterinario. Él podría comenzar dándole una inyección de oxitocina para estimular la contracción del músculo uterino, o podría llevarla directamente a cirugía para una cesárea. Cuanto antes lleves a tu Labrador al veterinario en tales situaciones, mayor será la probabilidad de que todos los cachorros sobrevivan.

La placenta probablemente será comida por tu perra, lo que le da un impulso de nutrientes. Esto es realmente importante, ya que dar a luz es un proceso agotador, y su cuerpo ahora estará bajo mucha tensión para producir leche.

Cuidados posteriores

Después de que todos los cachorros hayan nacido, debes revisarlos suavemente para detectar anomalías. Abre sus bocas y asegúrate de que no haya paladar hendido y que no haya un exceso de mucosidad. También verifica que estén respirando correctamente y que no tengan defectos de nacimiento importantes, como una hernia umbilical grande. Si alguno todavía está ligeramente húmedo, puedes secarlo más con una toalla.

Luego, se puede dar a la madre un baño de esponja tibia para limpiarla, y luego ella y la camada deben descansar en un lugar cálido y libre de corrientes de aire. Debe ser cómodo, pero se debe evitar la ropa de cama suave, ya que los cachorros pueden asfixiarse en estas superficies.

Es normal que haya una ligera secreción de la vulva después de dar a luz, y esto puede continuar durante una semana más o menos. Debe ser rosada, roja o marrón, pero si es profusa, negra, verde o maloliente, debes llevar a tu perra al veterinario. Podría ser un signo de que todavía queda placenta dentro, o incluso un feto muerto.

Una vez que tu Labrador se haya adaptado a su papel de madre y los cachorros estén mamando bien, debes llevarlos a tu clínica veterinaria local para una revisión. Un buen momento para esto es cuando tienen aproxima-

damente una semana de edad, a menos que notes alguna anomalía en tu perra o en los cachorros.

Crianza de cachorros

Finalmente, criar cachorros es la parte divertida, especialmente cuando abren los ojos y comienzan a correr. Tu tienes una gran responsabilidad de encontrarles hogares potenciales y no debes tener reparo en decir no a un hogar que no consideres adecuado. Necesitas evaluar a los nuevos dueños tanto como ellos necesitan venir a ver a los cachorros.

Puedes comenzar a buscar nuevos hogares cuando los cachorros tienen unas pocas semanas de edad. Puedes anunciarlos en el sitio web de la Federación Cinológica Internacional para asegurarte de que los posibles dueños estén dedicados a comprar un cachorro de un criador de buena reputación, en lugar del más barato que encuentren.

Los cachorros no deben ser entregados hasta que tengan al menos ocho semanas de edad. Si un comprador desea reservar uno, puedes colocarle un collar de color para distinguirlo del resto.

Cuando los cachorros tienen alrededor de cuatro semanas de edad, pueden comenzar a mostrar interés en la comida de su madre. Aunque la leche todavía constituye una gran parte de su dieta, está bien comenzar a permitir que los cachorros exploren la comida para perros. Esto se hace mejor ofreciéndoles comida para cachorros, que puede ser húmeda o croquetas remojadas. Entre las cuatro y las ocho semanas, disminuirán lentamente su consumo de leche y cambiarán exclusivamente a comida para perros.

Todos los criadores de perros responsables se asegurarán de que sus cachorros estén desparasitados, con microchip y hayan recibido su primera vacuna para cachorros antes de ir a sus nuevos hogares. Los cachorros necesitan ser desparasitados contra lombrices intestinales a las 2, 4, 6, 8 y 12 semanas de edad, ya que son particularmente susceptibles a una edad temprana de contraer lombrices. Solo necesitan tratamiento contra pulgas si tienen pulgas, y si necesitan ser tratados, debe hacerse con un producto adecuado para cachorros, ya que muchos productos contra pulgas no pueden usarse en animales muy jóvenes o muy pequeños.

***

Puede ser muy gratificante saber que estás contribuyendo a producir Labradores de un alto estándar genético, para tratar de mejorar el acervo genético de la raza. Sin embargo, no debes suponer que reproducir a tu perro y manejar cachorros será fácil, ya que requerirá tiempo, paciencia, inversión financiera y una gran cantidad de conocimientos para hacerlo correctamente. Además, una vez que críes más de cierto número de camadas en un mismo lugar en un año (generalmente tres, aunque puede variar según el país), se te clasificará como criador comercial y deberás estar autorizado e inspeccionado. Por lo tanto, si no planeas convertirte en un criador profesional, es mejor dejarlo en manos de los criaderos establecidos.

CAPÍTULO 15
Exposiciones

Selección de un Perro para Exposiciones

El Labrador es un perro de hermosa apariencia, y muchos dueños orgullosos están ansiosos por mostrar la belleza de su perro participando en exposiciones caninas. Por supuesto, el Labrador también es un perro de trabajo, y destaca tanto en pruebas de trabajo como en clases de conformación. Por lo tanto, tu Labrador tiene un gran potencial para traer trofeos a casa, y si esto es algo que te atrae, tu primera consideración debería ser seleccionar el perro adecuado.

Existen muchas exposiciones caninas locales y recreativas, donde todo está permitido. Tu perro no necesitará un certificado de pedigrí, ni tendrá que ajustarse rígidamente al estándar de la raza. Puede estar esterilizado o no, con cola amputada o natural. Puede ser de cualquier tono dentro del espectro de colores del Labrador, con marcas o pigmentación atípicas, y aun así tendrá la oportunidad de ganar una cinta, siempre que el juez vea la belleza y el carácter que tú amas en él. Las exposiciones locales son ideales si tienes un Labrador rescatado con mucha personalidad pero sin documentos de pedigrí. Si no aspiras a nada más allá de las exposiciones locales, entonces tu elección del Labrador puede simplemente guiarse por tu corazón. Sin embargo, si deseas participar en exposiciones de la Federación Cinológica, deberás regirte por las normas desde el día en que seleccionas un criador.

Para exposiciones de nivel superior, necesitarás seleccionar un perro registrado en la Federación Cinológica, proveniente de padres también registrados. Si buscas un perro para mostrar en clases de trabajo, deberás buscar en criaderos que produzcan perros deportivos. Mientras que si tu interés está en el ring de exposición, deberás buscar criaderos donde los ejemplares reproductores puedan presumir de ser campeones de exposición. Esto significará que tu cachorro tendrá la mejor oportunidad de heredar la genética que los jueces están buscando.

Antes de ir a ver una camada, deberías familiarizarte a fondo con el estándar de la raza de la Federación Cinológica para el Labrador Retriever en

Foto cortesía de
Gabrielle Naples

tu país. Debes tener en cuenta que el estándar de la raza se actualiza de vez en cuando y puede variar entre países.

Para que tu Labrador gane en clases de conformación de la Federación Cinológica, debe ajustarse lo más posible al modelo de la raza establecido en el estándar. El estándar de la raza describe al Labrador perfecto y es el modelo al que todos los criadores de Labradores deberían aspirar. Su objetivo es promover la salud de la raza, aunque algunos de sus estándares son más estéticos. Sin embargo, debes ser consciente de que al elegir un cachorro cuya apariencia nunca podrá ajustarse al estándar de la raza, debido a su tamaño, color o pigmentación, significa que estarás limitado a exposiciones locales recreativas y no podrás competir con la Federación Cinológica. Sobre todo, debes conocer las descalificaciones para exponer un Labrador Retriever.

Lo otro importante a tener en cuenta es que el propósito fundamental de las exposiciones de conformación es la evaluación de ejemplares para reproducción. Por lo tanto, tu perro no puede estar esterilizado. Los perros esterilizados pueden competir, pero solo en ciertas clases de actividad. En algunos países, como el Reino Unido, pueden ser expuestos con un certificado de exención especial, pero en la práctica es poco probable que sean clasificados tan alto como los perros enteros. Los Labradores Retriever nunca deben tener la cola amputada, ya que su mayor atributo es su "cola de nutria", que es altamente valorada en el ring de exposición.

Cuando observes la camada de cachorros, lo que puede ser tan temprano como a las cinco semanas, será muy difícil detectar el potencial para exposiciones a menos que tengas considerable experiencia. Por lo tanto, tendrás que confiar en el tamaño, la apariencia y el temperamento de ambos padres, así como en cualquier éxito en exposiciones que puedan haber conseguido. El criador es el mejor juez de cómo resultarán los cachorros, y podrá guiar tu elección. Sin embargo, debes ser consciente de que es posible que el criador haya reservado los campeones de exposición más prometedores para sí mismo. Ese es el derecho del criador, y en interés de las futuras generaciones de Labradores nacidos en sus perreras. Esto no significa que cada cachorro de la camada no tenga potencial para exposiciones: con buena genética, todos pueden ser futuros campeones.

Estándares de Raza

Cada país tiene su propia idea de los atributos físicos perfectos del Labrador Retriever, por lo que debes asegurarte de consultar el estándar de la raza para el país en el que deseas exponer a tu perro.

La principal distinción en la mente del público es entre los tipos de Labrador americano e inglés, siendo el Labrador americano más alto, delgado, fino y atlético, con patas más largas, cabeza más estrecha, cuello más largo y hocico más largo, y un pelaje y cola más delgados que el Labrador inglés. Sin embargo, el Labrador americano representa al perro de trabajo, y

Foto cortesía de Anne Lowry

el Labrador inglés es considerado como un perro de exposición. A nivel internacional, la Federación Cinológica Internacional (FCI) establece el estándar que siguen la mayoría de los países del mundo, el cual se inclina hacia el tipo más tradicional inglés. El Estándar Oficial de la FCI se proporciona a continuación. Si te encuentras en un país miembro de la FCI, puedes encontrar el estándar oficial en el sitio web de tu organización cinológica nacional o directamente en el sitio de la FCI, donde puedes estar seguro de que es la versión más actualizada.

Federación Cinológica Internacional (FCI) - Estándar Oficial del Labrador Retriever (2022):

Apariencia General: El Labrador Retriever es un perro de constitución fuerte, región renal corta y muy activo; (que excluye excesivo peso y sustancia corporal) tiene un cráneo amplio, pecho y costillas amplias y profundas; la región renal y los miembros posteriores son anchos y fuertes. Como perro cobrador de caza, debe poseer la estructura física y las características mentales que le permitan funcionar como un retriever eficiente en condiciones diversas, con un temperamento estable apropiado tanto para el trabajo de campo como para ser un compañero familiar.

Las características más distintivas del Labrador Retriever son su pelaje corto, denso y resistente al agua; una cola "de nutria"; una cabeza bien definida con cráneo amplio y stop marcado; mandíbulas poderosas; y sus ojos que expresan inteligencia y buen temperamento. Sobre todo, un Labrador Retriever debe estar bien equilibrado, permitiéndole moverse con desenvoltura tanto en exposiciones como en el trabajo de campo. El Labrador típico posee estilo y calidad sin refinamiento excesivo, y sustancia sin pesadez o torpeza.

Tamaño y Proporciones: Altura ideal a la cruz: Machos de 56 a 57 cm; hembras de 54 a 56 cm. Cualquier desviación significativa de estas alturas se considera una falta según la gravedad de la desviación. El perro debe presentar proporciones equilibradas, siendo de región renal corta; la longitud desde la punta del hombro hasta la punta de la grupa debe ser igual o ligeramente superior a la distancia desde la cruz al suelo. El cuerpo debe tener la longitud suficiente para permitir un movimiento recto, libre y eficiente, pero el perro nunca debe parecer bajo y largo, o alto y desgarbado en su silueta.

La sustancia y el hueso deben ser proporcionales al perro en general. Los ejemplares livianos y débiles son definitivamente incorrectos; igualmente objetables son los especímenes pesados y torpes. Los Labradores deben exhibirse en condición de trabajo, bien musculados y sin exceso de grasa.

Cabeza: El cráneo debe ser amplio, nítido, sin presentar pómulos carnosos. El cráneo y la región facial deben estar en planos paralelos y de longitud aproximadamente igual. Debe haber un stop definido. La cabeza debe estar bien definida y libre de mejillas carnosas; la estructura ósea del cráneo debe estar cincelada debajo del ojo sin prominencia en la mejilla. Las mandíbulas deben ser de longitud mediana; mandíbulas y dientes fuertes con una perfecta, regular y completa mordida en tijera, es decir que la cara interna de los incisivos superiores esté en contacto estrecho con la cara externa de los incisivos inferiores, y bien colocados en las mandíbulas.

Trufa: La trufa debe ser amplia, con fosas nasales bien desarrolladas. La pigmentación debe ser negra en perros negros y amarillos, y del color del hígado en chocolates. La decoloración de la trufa a un tono más claro no constituye una falta.

Ojos: Los ojos deben ser de tamaño mediano que expresen inteligencia y buen temperamento; de color castaño o avellana. Los ojos deben estar bien separados, ni sobresalientes ni hundidos. En perros negros y amarillos, los bordes de los párpados deben ser negros; en chocolates, del color del hígado. Orejas: Las orejas no deben ser largas ni gruesas; deben colgar pegadas

a la cabeza y tener una inserción bien hacia atrás, ligeramente por encima del nivel del ojo. Cuando se tiran hacia adelante, deben alcanzar el interior del ojo.

Cuello, Línea Superior y Cuerpo: El cuello debe ser nítido, robusto, poderoso, puesto sobre hombros bien colocados. Debe tener la longitud apropiada para permitir al perro cobrar la caza fácilmente. El cuello debe ser muscular y libre de papada, elevándose fuertemente desde los hombros con una ligera curvatura.

Línea Superior: La espalda debe estar nivelada desde la cruz hasta la grupa cuando está parado o en movimiento. Sin embargo, el lomo debe mostrar evidencia de flexibilidad para el esfuerzo atlético.

Cuerpo: El Labrador debe tener la región renal corta, con buen desarrollo del pecho y costillas bien arqueadas que se estrechen hacia un pecho moderadamente amplio. El pecho debe ser de buena amplitud y profundidad; las costillas bien arqueadas. Este efecto no se produce con un peso excesivo. La línea inferior es casi recta, con poco o ningún recogimiento en animales maduros. El lomo debe ser amplio, corto y fuerte, extendiéndose hacia cuartos traseros bien desarrollados y poderosos.

Cola: La cola es una característica distintiva de la raza. Debe ser muy gruesa en la base y se adelgaza gradualmente hacia la punta; de tamaño mediano y sin flecos, pero debe estar bien cubierta completamente de pelo corto, grueso y denso, que le da la apariencia "redonda" descrita como cola de "nutria". La cola debe seguir la línea superior en reposo o cuando está en movimiento. Puede ser llevada alegremente, pero no enroscada sobre el dorso. Las colas extremadamente cortas o largas y delgadas son faltas graves.

Miembros Anteriores: Los miembros anteriores deben estar rectos desde el codo al piso, vistos tanto de frente como de lado. Los miembros están bien debajo del cuerpo.

Escápulas: Las escápulas deben ser largas y bien inclinadas hacia atrás, formando un ángulo con el húmero de aproximadamente 90 grados que permita al perro mover sus miembros anteriores de manera fácil con fuerte alcance hacia adelante. Idealmente, la longitud de la escápula debe ser igual a la longitud del húmero.

Miembros Anteriores: Los húmeros deben ser aproximadamente del mismo largo que las escápulas. Los brazos deben tener buen hueso y estar rectos. Vistos de frente, las patas deben ser rectas con buen hueso fuerte. Los codos deben estar directamente debajo de la cruz, y los miembros anteriores perpendiculares al suelo y bien debajo del cuerpo.

Foto cortesía de
Kristin Daniello

Pies: Los pies anteriores deben ser redondos, compactos, con dedos bien arqueados y almohadillas bien desarrolladas.

Miembros Posteriores: Los cuartos traseros del Labrador deben estar bien desarrollados, la grupa no debe estar inclinada hacia la raíz de la cola. Vistos desde atrás, los miembros posteriores deben ser rectos y paralelos. Vistos de lado, la angulación de los miembros posteriores debe estar en equilibrio con la parte delantera. Los miembros posteriores deben tener buen hueso, estar musculados con angulación moderada en la rodilla, y corvejones poderosos y claramente definidos.

Rodillas: Deben estar bien anguladas. Los metatarsos deben tener corvejones bien descendidos. Los corvejones de vaca son altamente indeseables.

Movimiento: El movimiento debe ser desenvuelto y que cubra suficiente terreno; las extremidades anteriores y posteriores se desplazan en planos paralelos al eje del cuerpo. Al observar al perro moverse hacia uno, no debe haber signos de codos hacia afuera. Los codos deben mantenerse pegados al cuerpo con las patas no demasiado juntas. Moviéndose directamente hacia adelante sin ambladura ni zigzagueo, las patas deben formar líneas rectas, con todas las partes moviéndose en el mismo plano.

Pelaje: El pelo es una característica distintiva de la raza; y debe ser corto y denso sin ondulaciones o flecos; al tacto debe dar la sensación de ser bastante duro. Tiene una capa de subpelo resistente al agua. Los pelajes lanosos, sedosos suaves, y los pelajes ralos y lisos no son típicos de la raza.

Color: Los colores del pelaje del Labrador Retriever son totalmente negro, amarillo o hígado/chocolate. Cualquier otro color o combinación de colores es una falta descalificante. El color amarillo varía desde el crema claro al rojo del zorro. En hígado/chocolate el rango va desde los claros a los oscuros. Se permite una pequeña mancha blanca en el pecho y en la parte posterior de los metacarpos, pero no es deseable.

Temperamento: El verdadero temperamento del Labrador Retriever es tanto una característica de la raza como la cola de "nutria". Perro que tiene buen temperamento y es muy ágil. Es un animal adaptable y devoto compañero. Inteligente, vivaz y dócil, con fuerte voluntad para complacer. De carácter afable, sin ninguna señal de agresividad o timidez impropias. El Labrador tiene mucho que atrae a las personas; sus maneras gentiles, inteligencia y adaptabilidad lo convierten en un perro ideal.

Faltas Descalificantes:

1. Agresividad o extrema timidez.

2. Cualquier perro mostrando claras señales de anormalidades físicas o de comportamiento.

3. Cualquier otro color o combinación de colores diferente a negro, amarillo o hígado/chocolate como se describe en el estándar.

Después de Seleccionar Tu Cachorro

Cuando recojas a tu cachorro, el criador te entregará el documento de registro de la Federación Cinológica, por lo que tan pronto como sea posible, debes cambiar la propiedad registrada a tu nombre, lo que puedes hacer en línea. Si no has tenido un perro de pedigrí antes, este también es un buen momento para familiarizarte completamente con el sitio web de la Federación Cinológica, ya que será tu recurso principal a medida que te adentres en el mundo de las exposiciones.

No podrás exponer a tu perro hasta que tenga seis meses de edad, pero hay mucho trabajo por hacer en los próximos meses para comenzar a preparar a tu perro para las exposiciones. El primero de estos es la socialización, ya que tu perro se encontrará en un entorno concurrido, lleno de personas y perros, por lo que debe sentirse totalmente cómodo alrededor de ambos, así como tolerar ser manipulado por extraños.

Además de socializar a tu perro en clases para cachorros y en el parque cuando haya completado sus vacunas, también puedes llevarlo a visitar exposiciones caninas cercanas. Esto lo acostumbrará al bullicio, para que el entorno le sea totalmente familiar desde la edad más temprana. También tendrás la oportunidad de observar toda la etiqueta de la exposición y obtener consejos. Puedes tener la oportunidad de conversar con manejadores de perros experimentados y observar cómo "posicionan" a tu perro, que es la posición en la que debe colocarse tu perro para ser juzgado. También puedes aprender a reconocer el paso que un campeón de exposición necesita al moverse en el ring. Cualquier contacto que puedas establecer en el mundo de las exposiciones, especialmente con otros dueños de Labradores, será valioso a medida que progrese en las filas con tu perro.

Preparación para una Exposición

Cuando obtengas a tu cachorro Labrador, regístralo en la Federación Cinológica de tu país, y luego es una buena idea unirte también al Club del

Labrador Retriever de tu país. Estas dos organizaciones serán tus guías a través del mundo de las exposiciones de alto nivel.

Si solo deseas exponer a tu perro por diversión, entonces las exposiciones locales son una gran experiencia, donde puedes mostrar tu Labrador Retriever, conocer a otros dueños y sus perros, y estar de acuerdo o en desacuerdo con la decisión del juez, ¡pero siempre con buena onda! Incluso si deseas competir en exposiciones de la Federación Cinológica, las exposiciones locales recreativas son un gran lugar para comenzar, ya que tú y tu perro pueden acostumbrarse a todo el procedimiento en un entorno de baja presión.

Debes planificar con anticipación las exposiciones en las que deseas participar, encontrando los listados de exposiciones en el sitio web de la Federación Cinológica o del Club del Labrador, o en el periódico local o el sitio web del club canino local. Asegúrate de enviar tu solicitud y la cuota de inscripción con tiempo suficiente, luego puedes comenzar a planificar para el gran día.

Si tienes que viajar cierta distancia para la exposición, también debes considerar reservar alojamiento, para que tu perro pueda tener tiempo para adaptarse antes del evento, especialmente si sufre de mareos por viaje.

El Labrador Retriever requiere muy poco acicalamiento, y los jueces buscan una apariencia natural. Esto significa que tu perro nunca debe ser recortado, sin embargo, sus uñas deben mantenerse cortas mediante un recorte regular que asegure que la parte viva no crezca demasiado. El pelaje corto del Labrador Retriever no puede ocultar ningún defecto, pero en su estado natural y brillante mostrará las cualidades físicas de tu perro a la perfección. Debes asegurarte mediante el acicalamiento regular que tu perro no tenga caspa o descamación de la piel, y si deseas bañar a tu perro, esto debe hacerse unos días antes de la exposición, para permitir que los aceites naturales vuelvan al pelaje.

Debes hacer de la limpieza de los dientes de tu perro parte de su rutina regular desde una edad temprana, para asegurar que no haya acumulación de sarro, o peor aún, dientes faltantes o deteriorados, ya que estos constituirían una falta en el ring de exposición. También debes mantener sus orejas limpias.

Si has estado asistiendo a exposiciones como observador, habrás visto cómo posicionar a tu perro para el juez. Y también habrás observado el tipo de paso fluido en el ring que trae los premios. Si no has tenido la oportunidad de asistir a una exposición, hay muchos videos en línea. Estos te ayudarán a saber qué buscar, sin embargo, no son un sustituto de asistir realmente a exposiciones con tu perro para familiarizarlo con el ambiente concurrido.

Si tú serás quien maneje a tu perro en el ring, piensa en el atuendo que usarás. Este debe ser elegante y cómodo, con zapatos prácticos, para que puedas moverte tan sin esfuerzo como tu perro. El juez necesita ver el contorno de tu perro claramente contra ti, por lo que si tu Labrador es negro o chocolate, debes considerar usar un color neutro más claro. Mientras que si tienes un Labrador amarillo, usar ropa lisa oscura lo mostrará en su mejor ventaja.

No debes esperar demasiado de tu primera exposición, ya que tanto tú como tu perro necesitan acostumbrando a ella. Los Labradores son enérgicos por naturaleza, y tu perro puede encontrar el ambiente hiperestimulante, y resentir quedarse quieto para ser juzgado, o moverse con gracia a tu lado. ¡No debes sentirte decepcionado si no traes las cintas de inmediato, o peor, sentir que tu perro te ha decepcionado a ti y a sí mismo! Tampoco debes cuestionar nunca la decisión del juez. Mientras que tu perro está siendo medido contra el estándar de la raza, inevitablemente hay cierto grado de preferencia personal en la asignación de los premios. Así que, si no es el día de tu perro, siempre habrá otro. ¡Y cada evento es un paso en el camino para mostrar a tu perro en su mejor momento!

CAPÍTULO 16
Conviviendo con un Perro Senior

El envejecimiento es una parte inevitable de la vida de un perro, y prepararse para ello con anticipación es una decisión acertada. Un perro senior necesita un tipo de estilo de vida diferente al de un perro joven o adulto, y esto es especialmente cierto para los Labradores. Los Labradores son propensos a desarrollar dolencias que les afectan en etapas avanzadas de su vida, como la artritis, según se analizó en el Capítulo 12.

Aunque la esperanza de vida para un Labrador es de 10 a 14 años, tú deberías empezar a considerar a tu Labrador como senior alrededor de los siete u ocho años. Cambios sutiles en su estilo de vida en esta etapa lo prepararán para una etapa senior larga, feliz y libre de dolor, asegurando que puedan disfrutarse mutuamente por más tiempo. En este capítulo, analizaremos los cambios que beneficiarán a tu Labrador si se implementan temprano, así como cómo tratar las dolencias propias de la edad avanzada, y qué sucede cuando llega el momento de despedirse.

Foto cortesía de Nicole Justice

Foto cortesía de Tom Frey

Dieta

Para un Labrador, la alimentación es un tema crucial que no debe pasarse por alto. Para cuando llegan los años de vejez, la mayoría de los Labradores tienen sobrepeso. Esto supone una gran presión sobre el corazón, el hígado, los riñones y las articulaciones deterioradas de tu perro. Desafortunadamente, un Labrador con sobrepeso es una imagen común, por lo que la mayoría de las personas hoy en día no se dan cuenta de que su Labrador está cargando con algunos kilos de más. La mejor manera de evaluarlo es revisando la puntuación de condición corporal en el Capítulo 8, y procurar que tu Labrador obtenga una puntuación de 4 o 5.

Cambiar a una dieta para perros senior también ayudará con el peso de tu Labrador. Las dietas para perros senior son bastante diferentes de las dietas dirigidas a perros más jóvenes, ya que son más bajas en calorías y más altas en fibra. Esto ayudará a que tu Labrador se sienta satisfecho mientras mantienes el peso controlado. El propósito es hacer coincidir los requerimientos calóricos de tu perro con su nivel de actividad, y en general, los perros mayores tienden a ejercitarse menos.

Las dietas para perros senior también son más ricas en aceites omega. Estos son ácidos grasos que mejoran la salud del cerebro, el corazón, la piel y los ojos, además de mejorar la lubricación de las articulaciones. En un cuerpo que envejece, los aceites omega pueden marcar una gran diferencia.

A veces, las dietas para perros senior también tienen suplementos incorporados, como glucosamina y condroitina. Estos ayudan a mantener el cartílago de las articulaciones más viejas y artríticas, y se analizan más adelante en este capítulo.

No es necesario cambiar a tu Labrador a un alimento para perros senior tan pronto como cumpla su séptimo cumpleaños; sin embargo, antes de que tenga ocho años, vale la pena procurar haberlo transicionado lentamente. Esto se hace mejor en el transcurso de varias semanas.

Revisiones de Bienestar Senior

Tu veterinario es muy valioso en los años senior de tu Labrador, y no debe ser consultado solo cuando hay un problema. Como se destacó en el Capítulo 11, la atención preventiva de la salud es muy importante, ya que la prevención siempre es mejor que la cura. Aquí es donde entran las revisiones de bienestar senior, que deberían convertirse en una parte rutinaria del cuidado de la salud de tu perro a partir de los ocho años en adelante.

Una revisión de bienestar senior se realiza una o dos veces al año, para asegurarte de que tu perro senior no tenga signos tempranos de condiciones degenerativas. Comenzarás con tu veterinario realizando un examen clínico a tu Labrador. Revisará los dientes de tu perro en busca de sarro y, potencialmente, recomendará un procedimiento dental como se discutió en el Capítulo 9 si están sucios. También revisará los ojos, oídos, pelaje, corazón, pulmones y abdomen de tu Labrador. Finalmente, dado que los Labradores son propensos a desarrollar artritis en etapas avanzadas de su vida, tu veterinario manipulará cuidadosamente las articulaciones del perro para detectar crepitación, que es una sensación de crujido e indicativa del desarrollo de artritis.

Después de un examen clínico completo, tu veterinario podría tomar una muestra de sangre para revisar los órganos vitales de tu Labrador, como los riñones y el hígado, y también podría solicitar una muestra de orina, ya que ayudará a interpretar los resultados. Un análisis de sangre también puede detectar signos tempranos de ciertos cánceres, así como condiciones endocrinas y cambios en las células sanguíneas.

Si hay resultados que indican que el corazón o los riñones de tu perro están comprometidos, es probable que tu veterinario también realice un examen de presión arterial y posiblemente un examen de ultrasonido. Sin embargo, estos no forman parte principal de un chequeo de salud senior.

Finalmente, si tu perro está tomando algún medicamento crónico, este será revisado y la dosis ajustada si es necesario.

Al llevar a tu Labrador a un chequeo de salud senior una o dos veces al año, puedes estar seguro de que no hay nada subyacente que no se haya detectado y que pueda estar causando problemas de salud a tu Labrador.

Los Labradores son perros resistentes, siempre queriendo complacer, y a menudo ocultarán signos de enfermedad o malestar en las primeras etapas.

Artritis Avanzada

Como se discutió brevemente en el Capítulo 12, la artritis generalmente proviene de una condición articular subyacente, como trauma, displasia articular u osteocondrosis. Pero también puede ser desencadenada por fuerzas anormales que se ejercen sobre una articulación normal, como cargar peso extra o realizar ejercicio repetitivo y extenuante.

La artritis es una enfermedad degenerativa de toda la articulación. Es un malentendido común que sea una enfermedad del cartílago articular. De hecho, la cápsula articular, el hueso subcondral debajo del cartílago, el líquido articular y el cartílago articular se ven afectados de diferentes maneras. A medida que la articulación degenera, el cartílago se vuelve más delgado, el hueso subcondral no puede tolerar tanta concusión, el líquido articular se vuelve más fino y disminuye en volumen, y la cápsula articular se inflama. Todo esto conduce a una articulación dolorosa y no funcional.

La mejor manera de manejar la artritis es con un enfoque multimodal. Eso significa que hacer solo una cosa no va a ayudar. Si tu Labrador

Foto cortesía de Hanna Koskinen

no tiene condiciones de salud subyacentes, tu veterinario puede recetarle antiinflamatorios para ayudar a las articulaciones. Además de esto, si tu Labrador está cargando peso extra, esto debe abordarse inmediatamente poniéndolo a dieta. Los suplementos articulares también pueden ayudar a mejorar la articulación, que incluyen aceites omega (para mejorar la viscosidad y el volumen del líquido articular, así como proporcionar efectos antiinflamatorios naturales) y glucosamina o condroitina (para mejorar la composición del cartílago y el líquido articular).

También podrías considerar terapias complementarias para ayudar a tu perro a mantenerse activo. Los fisioterapeutas veterinarios pueden darte ejercicios para hacer en casa, para mantener a tu perro estirado y flexible, así como ofrecer hidroterapia, que es una excelente manera para que tu Labrador se mantenga en forma sin que se ejerza una tensión adicional sobre las articulaciones. Los veterinarios con formación especializada también pueden realizar acupuntura, que es una excelente modalidad para aliviar el dolor sin necesidad de medicamentos. Finalmente, el aceite de CBD se está volviendo popular para controlar el dolor; sin embargo, debes tener cuidado de comprar un aceite de alta calidad para asegurarte de que no contenga sustancias psicógenas.

Foto cortesía de Carmel Wake

Demencia

Los perros ancianos pueden desarrollar una condición llamada "disfunción cognitiva canina", que es similar a la demencia en humanos. Para abreviar, se conoce como DCC. Esta es una condición que no se puede prevenir ni tratar; sin embargo, existen algunas opciones para ayudar a mejorar la calidad de vida de tu Labrador si la desarrolla.

La DCC causa un embotamiento del cerebro. Es posible que notes que tu viejo Labrador duerme más de lo habitual, parece aturdido o confundido, y ha retrocedido en su entrenamiento para hacer sus necesidades. La buena noticia es que existe medicación para mejorar el flujo sanguíneo al cerebro, lo que ayuda a llevar más oxígeno a las células cerebrales. Esto les permite funcionar mejor y a menudo les da a los perros senior que sufren de DCC una segunda oportunidad de vida.

Deterioro Orgánico

Durante la vida de cualquier perro, los riñones y el hígado son dos órganos que trabajan extremadamente duro para filtrar y eliminar los productos de desecho del cuerpo. Como resultado, pueden comenzar a deteriorarse en los años senior de tu perro. Esto es particularmente evidente en los Labradores, ya que los medicamentos para el alivio del dolor ejercen una presión adicional sobre el hígado y los riñones, y dado que muchos Labradores tienen displasia articular o artritis, la medicación crónica es común.

Los síntomas pueden incluir pérdida de apetito, vómitos, aumento de la sed y aumento de la micción. Además de esto, la enfermedad hepática puede causar ictericia, que se presenta como encías amarillas, y la enfermedad renal puede causar anemia, que se presenta como encías pálidas. Tu veterinario evaluará la salud de los órganos internos de tu Labrador a través de un análisis de sangre, y si estás preocupado, puedes realizar un examen de ultrasonido.

Existen excelentes dietas disponibles para el manejo de la enfermedad renal y la enfermedad hepática en perros mayores, que es el principal método de tratamiento. Esto reduce la presión sobre ellos para que trabajen arduamente para filtrar los productos de desecho. Además de eso, hay medicamentos disponibles para ayudar a mejorar la eficiencia de estos órganos, que un veterinario podrá dispensar.

Otro órgano que puede mostrar cambios degenerativos es el corazón. El corazón es un órgano vital en el cuerpo. Bombea sangre para asegurar que todas las células reciban oxígeno y nutrientes para poder funcionar. A veces, en perros mayores, las válvulas dentro del corazón pueden volverse permeables. Esto puede conducir a cierto reflujo y congestión. Los síntomas incluyen apatía, desmayos, tos y dificultad para respirar. Comenzar la medicación cardíaca temprano reducirá la presión sobre el corazón y aumentará significativamente la esperanza de vida y el pronóstico de su perro.

Junto al corazón se encuentran los pulmones. Por lo general, el tejido pulmonar es bastante elástico, lo que le permite expandirse y contraerse a medida que se inhala y exhala aire. Los pulmones de un perro mayor se vuelven más fibrosos con la edad, lo que significa que no se expanden tan bien. Esto suele ser solo una condición incidental que desarrollan los perros viejos, y no les afecta en absoluto, pero también puede llevar a una incapacidad para combatir infecciones. Por lo tanto, los perros mayores son más propensos a desarrollar infecciones pulmonares si están expuestos, en comparación con los perros más jóvenes.

La mayoría de los perros senior desarrollarán algún grado de degeneración orgánica en sus años de vejez, pero con los chequeos de salud senior, esto puede detectarse rápidamente.

Pérdida de los Sentidos

Además de que los órganos se deterioran gradualmente, los sentidos de un perro también pueden verse afectados por la vejez. La pérdida de los sentidos no afectará a tu perro médicamente ni acortará su vida, sin embargo, puede afectar su calidad de vida en cierto grado.

Los sentidos más comunes que se deterioran son la audición y la vista. Afortunadamente, es muy raro que un perro pierda su sentido del olfato, lo cual es bueno ya que es probable que a tu Labrador le encante pasar su paseo con la nariz en el suelo, captando todo tipo de olores.

Sorprendentemente, los perros se desenvuelven extremadamente bien sin la vista. Si sucede repentinamente, puede que a tu perro le tome un tiempo adaptarse; sin embargo, si es gradual, muchos dueños ni siquiera se dan cuenta de que sus perros han perdido, o parcialmente perdido, su visión. Las razones más comunes por las que los perros pierden la vista son las cataratas y la atrofia retiniana, ambas discutidas en el Capítulo 12. La mayoría de los perros ancianos desarrollarán esclerosis nuclear en sus cristalinos, lo que puede parecer cataratas. Pero la opacidad que crea no es completamente opaca, y tu perro podrá tener algo de visión a través de ella. Si tu Labrador comienza a perder la vista, entonces enseñarle a adaptarse desde el principio es una buena idea. Como se discutió anteriormente, los Labradores son excepcionalmente entrenables. Enseñar comandos como 'despacio', 'espera', 'gira' y 'detente' evitará que tu perro se meta en problemas. También podrás navegar por la casa con facilidad, siempre y cuando mantengas los muebles en el mismo lugar, ya que su memoria para navegar por áreas espaciales seguirá siendo excelente.

La pérdida de audición, sin embargo, es un poco más difícil de manejar. Es una buena idea prepararse para la pérdida de audición en algún momento de la vida de tu perro, y por lo tanto, cuando le enseñes comandos como cachorro, siempre combina un comando de voz con una señal. De esa manera, si tu perro pierde parte o toda su audición, aún podrá entenderlo. La pérdida de audición suele ser gradual, y es probable que no te des cuenta de que está perdiendo la audición hasta que esté bastante avanzada. Desafortunadamente, no hay nada que se pueda hacer para regenerar la audición de tu Labrador, pero aún puede vivir una vida feliz sin ella.

Control de la Vejiga

El control de la vejiga es algo con lo que muchos dueños de perras pueden tener dificultades cuando se vuelven ancianas. Es común que una hembra esterilizada pierda algo de control de su vejiga, ya que el estrógeno juega un papel importante en el estrechamiento del esfínter a la salida de la vejiga. Por lo tanto, si la perra no ha tenido muchas hormonas durante su vida, entonces la vejiga posiblemente puede gotear más adelante en la vida.

Otra causa importante de goteo de la vejiga o pérdida de control es cuando el perro tiene artritis en el área lumbosacra de la columna vertebral. Aunque este no es un sitio común para que los Labradores desarrollen artritis, todavía tienen un mayor riesgo que otras razas. Los nervios que salen de la médula espinal en esta área son los que inervan el esfínter y los músculos de la vejiga. La compresión de estos nervios conducirá a la pérdida de control.

Determinar la causa raíz de la pérdida de control de la vejiga es esencial cuando se trata del tratamiento. Hay varios medicamentos disponibles que ayudan a mejorar el control de la vejiga si se debe a la falta de hormonas, pero si la razón se debe a la espalda, entonces se puede hacer muy poco. Los pañales para perros están disponibles para proteger los muebles de tu hogar y aún permitir que tu perro incontinente tenga libertad en la casa.

Es importante que si la orina gotea excesivamente, el área se bañe al menos una vez al día para detener las quemaduras por orina, y el pelo se mantenga corto en esa área por razones de higiene.

Diciendo Adiós

Despedirse de tu perro nunca es fácil, y a veces tomar la decisión de sacrificar a tu Labrador no es clara. Muchas condiciones degenerativas, como la artritis y el deterioro de los órganos, son de naturaleza crónica, y por lo tanto algunos días serán buenos y otros malos. Pero en general, la calidad de vida es lo que debes estar monitoreando, y cuando esta se deteriora, esto es un indicador de que es el momento.

Esto se puede hacer a través de algunas preguntas básicas:

1. ¿Tu perro todavía está feliz y mueve la cola regularmente?

2. ¿Tu perro todavía está ansioso por comer? (lo cual es obviamente un gran tema con un Labrador)

3. ¿Tu perro todavía interactúa como solía hacerlo?

4. ¿Puede tu perro todavía realizar actividades normales del día a día?

Si la respuesta a cualquiera de estas es no, entonces su calidad de vida está comprometida, y dependiendo de la razón y el pronóstico, puede ser la mejor opción considerar la eutanasia.

La eutanasia puede parecer un tema triste; sin embargo, debe verse como un último acto de amor que puedes darle a tu Labrador. La eutanasia es una forma de poder poner fin al sufrimiento de manera digna. Es un procedimiento pacífico donde se administra una sobredosis de anestésico en una vena de la pata. No es doloroso y tu Labrador no sentirá ninguna forma de sufrimiento. Algunos veterinarios administrarán una dosis de sedación antes del procedimiento; sin embargo, no siempre es necesario para asegurarse de que el procedimiento transcurra sin problemas.

La inyección puede realizarse en la clínica veterinaria, pero la mayoría de los veterinarios irán a tu casa si prefieres que tu Labrador permanezca en su propio entorno, lo que puede ser agradable para reducir el estrés. Puede haber algunos espasmos musculares después de la inyección, o un reflejo que hace que el perro parezca estar tomando una respiración profunda, pero estas son cosas naturales que suceden después de que el perro ha fallecido, por lo que no son indicaciones de que algo haya salido mal. El veterinario confirmará el fallecimiento verificando el latido del corazón con un estetoscopio.

Después de que tu Labrador haya fallecido, tu veterinario podrá ofrecerte servicios de cremación, ya sea para que le devuelvan las cenizas, o para que las dispersen en un crematorio para mascotas, o puedes desear llevar a tu Labrador a casa para un entierro doméstico.

Despedirse de tu perro es realmente difícil, incluso cuando es esperado y sabes que es lo correcto. Sin embargo, este es el mejor momento para pensar en todos los momentos maravillosos que has tenido con tu Labrador, y celebrar su vida con todos los que lo han conocido.